**국어시간에
슬로리딩을 만나다 2**

국어시간에
슬로리딩을 만나다 2

ⓒ 김민정, 2025

초판 1쇄 발행 2025년 5월 31일

지은이	김민정
펴낸이	이기봉
편집	좋은땅 편집팀
펴낸곳	도서출판 좋은땅
주소	서울특별시 마포구 양화로12길 26 지월드빌딩 (서교동 395-7)
전화	02)374-8616~7
팩스	02)374-8614
이메일	gworldbook@naver.com
홈페이지	www.g-world.co.kr

ISBN 979-11-388-4370-6 (03800)

- 가격은 뒤표지에 있습니다.
- 이 책은 저작권법에 의하여 보호를 받는 저작물이므로 무단 전재와 복제를 금합니다.
- 파본은 구입하신 서점에서 교환해 드립니다.

| 문해력 향상을 위한 책 메모 슬로리딩 |

국어시간에 슬로리딩을 만나다 2

소설 '고양이의 날' 책 메모 슬로리딩 수업 사례

김민정 지음

★★★★★
2024년
창의 혁신 수업 사례
공모전(해냄에듀)
**국어교과 대상
수상작!**

한 학기, 한 해 살이 단편 소설 슬로리딩의 진수,
A부터 Z까지 20여 가지 활동으로 상세하게 풀어놓다!

좋은땅

마중글. 작가의 말

'국어시간에 슬로리딩을 만나다' 두 번째 이야기를 펴내며

  2023년, 2024년에 이현 작가님의 단편 소설 '고양이의 날'을 한 학기 또는 한 해에 걸쳐 중학교 1학년 학생들과 정규 국어시간에 책 메모 슬로리딩을 했습니다.

  공교육에서 학생들이 친구들과 얼굴을 마주하며 좋은 작품을 함께 읽고 생각을 나누는 수업, 단순히 재미와 흥미를 주는 소재나 주제에 그치지 않고 등장인물을 통해 자신의 삶을 돌아보며 성찰하는 과정이 담긴 수업, 혼자 읽는 것보다 교사가 함께 하며 작품 속에 숨어 있는 보석 같은 배움을 익힐 수 있는 수업, 양보다 질을, 속도보다는 방향을 고민한 수업, 천천히 곱씹은 감상이 책에 빼곡히 기록되어서 자신의 성장 과정을 고스란히 볼 수 있는 뿌듯한 수업, 그 배움의 과정 속에서 읽기와 쓰기를 통해 문해력 향상과 생각하는 힘이 자연스레 따라오는 수업, 저는 그런 수업을 하고 싶었습니다.

  그러기 위해서 제가 만나는 중학교 1학년 학생들에게 한 해 또는 한 학기 동안 저와 함께 수업한 후, 무엇이 배움으로 깊이 남으면 좋을지 고민했습니다. 초등학교를 갓 졸업하고 중학교에서 처음 맞는 배움과 경험으로 설레고 긴장할 학생들, 새로 시작해 보겠다는 의지로 학습 의욕 가득한 학생들도 있지만, 지레 겁먹고 '나는 못 해!'를 온몸으로 표현하는 학생들에게 실수하고 실패하더라도 용기 내어 도전하는 그 자체가 성장이며, 중요하다는 것을 알려 주고 싶었습니다.

저의 의도를 잘 담고 있는 소설 작품이야말로 등장인물의 상황과 행동을 통해 학생들이 공감하고 비판하며 자연스럽게 배움이 스며들 수 있는 좋은 교과서입니다. 그 덕분에 저는 뻔한 소리하는 꼰대를 면할 수 있었습니다. 한 해 또는 한 학기 배움의 핵심 가치로 '도전, 용기, 자립'을 포함한 '성장'을 키워드로 설정한 후, 엄선한 작품이 바로 이현 작가님의 단편 소설 '고양이의 날'이었습니다.

한 해 또는 한 학기 동안 단편 소설 한 작품을 꼼꼼히 읽으면서 평가까지 알차게 하려면 성취기준을 연계하여 교육과정을 재구성하는 작업은 필수입니다. 평가까지 고려하며 정해진 시간을 알차게 꾸려 가기 위해 이리저리 고민하는 과정은 학생의 배움뿐 아니라, 교사의 성장까지 덤으로 선물해 줍니다.

최근 교육계의 화두 중 하나는 기초 학력 향상이고, 문해력 저하에 대한 우려가 뒤따릅니다. 초등학교, 중학교, 고등학교 할 것 없이 전 교과의 일반적인 풍경은 학생들이 교과서에 등장하는 단어의 뜻을 이해하지 못하고 문장 해석 능력도 현저히 떨어진다는 것입니다. 학습에 있어서 읽기와 쓰기는 필수 능력입니다. 학생들이 단계별 성장에 맞게 기본적인 학습 능력을 갖추어야 다음 단계의 배움이 가능하고, 학습에 대한 도전 의식과 동기 부여가 발현됩니다. 그러나 현재 우리가 만나는 학생들의 학력 수준 차이는 생각보다 심각하고 기초 문해력의 부재는 그 차이를 더욱 심화시

키고 있습니다.

 그렇다면 교사들은 어떻게 이 과제를 풀어야 할까요? 저는 학생들이 생각하기 싫어하고 읽고 쓰는 것을 귀찮아한다는 이유로 다른 대안을 찾기보다는 정면 돌파하는 것도 한 방법이라고 생각합니다. 학교 교육에서 제대로 읽고 쓰는 경험을 하지 않는 학생들이 가정에서 별도의 시간을 할애하긴 어렵습니다. 정규 수업 시간에 친구들과 함께 엄선된 작품을 읽고 자신의 생각을 쓰고 의견을 나누면서 서서히 문해력이 향상되는 경험을 제공할 필요가 있습니다.

 문해력을 기르려면 일단 읽어야 하고, 반드시 쓰기와 병행해야 상승 효과를 갖습니다. 최근에는 많은 선생님들로부터 빨리 읽는 경험보다 천천히 깊게 읽는 슬로리딩이 많은 관심을 받고 있습니다. 슬로리딩은 문해력 향상만을 위해 필요한 것은 아닙니다. 슬로리딩이 있는 교실은 작품 속 등장인물의 상황과 입장을 이해하며 깊이 공감하고 중심 사건과 등장인물들의 말과 행동에 집중하며 비판하는 학생들이 존재합니다. 작품과 관련된 궁금증을 질문으로 던지고 이를 유의미한 토론 주제로 설정하여 깊이 있게 사고하는 풍경이 발견됩니다. 작품을 이해하기 위해 단어와 문장을 통해 예측하고, 모르는 단어를 찾아 가며 문장을 해석하는 배움이 담겨 있습니다. 그러기 위해 천천히 깊게 곱씹는 과정을 교사는 항상 고민해야 합니다.

 문해력 저하 시대에 슬로리딩은 여러 해답 중 하나가 될 수 있습니다. 속도보다 방향이기에 제대로 된 나침반을 슬로리딩으로 잡아 읽고 쓰는 능력의 향상과 함께 깊이 생각하는 힘이라는 두 마리 토끼를 잡는 교실을 기대하며 저의 슬로리딩 수업을 들여다보시면 좋겠습니다.

끝으로, 이 책에서 소개하는 수업 사례 대부분은 '2024년 창의혁신 국어 수업 사례 공모전'(해냄에듀)에서 대상을 받은 내용임을 밝히며, '고양이의 날' 책 메모 슬로리딩을 함께 한 웅상여자중학교 학생들과 슬로리딩을 같이 연구하며 응원해 주시는 구름학교 슬로리딩 연구소 선생님들께 고마움을 전합니다.

2025. 3월. 봄 하늘이 화창한 어느 날
봄빛 물든 하늘을 품은 바람의 향기를 느끼며 적었습니다.

차례

마중글. 작가의 말
'국어시간에 슬로리딩을 만나다' 두 번째 이야기를 펴내며   04

[설렘]
책 메모 슬로리딩을 구상하다

하나. 핵심 질문으로 배움의 가치 세우기   15
둘. 슬로리딩에 적합한 작품 고르기   17
셋. 교육과정 재구성하기   19

[익힘]
천천히 깊게 책 메모 슬로리딩하다

하나. 소리 내어 작품 읽기   44
둘. 나만의 단어장 책 메모   46
셋. 인상적인 장면 책 메모   53

넷. 궁금 궁금 질문을 잡아라 책 메모	56
다섯. 예측하며 책 메모	61
여섯. 중심 사건 두 줄 요약하고 개성 만점 제목 짓기	63

[탐구]
슬로리딩 샛길 탐구를 떠나다

하나. 호기심 찾아 쉬엄쉬엄, 단어 탐구 샛길 활동	70
둘. 장면 묘사 그림으로 표현하기	76
셋. 명대사 패러디 문장 만들기	81
넷. 생각하는 힘을 키우는 샛길 토론 활동	86
다섯. 궁금증을 해결하는 샛길 조사	92
여섯. 등장인물에게 추천곡 선물하기	94

[심화]
심화 활동으로 배움이 깊어지다

하나. 비유를 활용하여 등장인물의 성격 표현하기	98
둘. 질문으로 책 대화하기	106
셋. 성장 경험 글쓰기	123

넷. 등장인물 분석하고 시 처방전 선물하기   136

다섯. 생성형 AI를 활용하여 창의적으로 표현하기   144

여섯. 청소년을 위한 성장캠프 프로그램 제안서 토의하기   157

[성찰]
슬로리딩 수업을 성찰하다

[부록 1]

'고양이의 날' 슬로리딩 스크랩북 구성 자료   169

[부록 2]

책 메모 슬로리딩 기본 활동별 학생 안내 자료   173

[설렘]

책 메모 슬로리딩을
구상하다

 글을 읽는다는 것은 단순히 문자 해독을 할 수 있는 것에 머물지 않는다. 문자 해독을 넘어 글의 맥락을 살피고 추론하는 과정을 거쳐 글에 담긴 의미를 해석하고 글쓴이의 의도를 짐작함은 물론, 자신의 생각을 정리할 수 있어야 한다. 그러므로 독자는 글을 이해하는 데 필요한 기본적인 어휘력과 독해 능력, 배경지식을 일정 수준 갖추어야 읽기 과정이 원활해진다.
 그러나 안타깝게도 최근 우리 아이들의 읽기 습관을 살펴보면, 서너 줄의 짧은 글을 읽는 것조차 어려워한다. 간단한 가정통신문의 전달 내용을 파악하는 것도 귀찮아하며, 글을 읽으며 생각하는 것 자체를 힘들어한다. 일상생활에서 꼭 필요한 간단한 몇 줄의 글도 버거운데, 진득하니 앉아 책 읽는 학생을 발견하기란 드문 일이 되었고, 교과서를 제대로 읽어 내는 것조차 쉽지 않아 보인다.
 상황이 이러한데 국어시간이라고 해서 특별한 풍경을 기대하긴 어렵다. 최근 몇 년 동안 교사들이 피부로 느끼는 학생들의 어휘력 저하는 당장 해결해야 할 큰 과제로 다가왔다. 특히 코로나19 팬데믹 상황은 많은 선생님들의 노력에도 불구하고 학생들의 읽기 습관을 더디게 혹은 저하시키는 데 한몫했다.
 요즘 내가 만나는 아이들은 초등학교 4학년에서 6학년의 중요한 시기에 여러 면에서 학습 능력의 격차가 벌어진 상태로 중학교에 입학했다. 특히 문해력의 격차는 한눈에 드러났다. 문맹은 없지만 문해맹은 학급마다 여러 명 눈에 띈다. 글자를 읽을 수는 있지만, 무슨 뜻인지 이해하는 데 어려움을 겪는 학생들이 꽤 보인다. 한 시간 동안 단편 소설 한두 쪽을 함께 읽고, 모둠 친구들과 다시 살펴보며 감상을 나눴지만, 무슨 말인지 모르겠다는 학생들도 여럿 있다. 방금 읽은 작품에 등장하는 인물들을 다시 찾아 이야기하고, 그 등장인물의 말이나 행동을 다시 짚어 가며, 주요 사건을 정리해 보지만 여전히 헤매는 모습이 안타깝다. 교사의 주도적인 정리에 의존해서 줄거리를 파악한 것이지, 학생들의 독서 능력만으로 작품을 읽으며 내용을 이해하는 것은 어려워한다.

물론 중학교 학습 수준에 걸맞은 문해력을 갖춘 학생들도 있다. 그 학생들은 대체로 책 읽기를 습관처럼 한다. 학급 내에서도 문해력 수준이 천차만별이라 어느 수준에 맞추어 수업을 진행해야 할지 난감하다. 그렇다고 교사가 포기할 수는 없다. 큰 욕심을 버리고 매일 조금씩 가랑비에 옷이 젖듯이 제대로 읽는 학생들이 한 명이라도 더 생기도록 애써야 한다.

듣기, 말하기, 읽기, 쓰기는 통합적인 의사소통 행위이므로 문해력이 부족한 학생은 듣고 말하는 상황에서도 이해력이 떨어진다는 것을 쉽게 관찰할 수 있다. 흔히 '말귀가 어둡다'라는 표현이 그것이다. 부족한 어휘력과 문장 이해 능력은 읽기와 쓰기에만 필요한 능력이 아니다. 학생이 이미 가지고 있는 문해력의 기초 요소가 상호 보완적 교류를 통해 머릿속에서 자동적으로 이미지화되는 동시에 추론의 과정이 자연스럽게 이어져야 한다.

그러나 문해력이 부족한 학생들은 이와 같은 과정이 쉽지 않다. 그래서 듣기, 말하기 중심의 의사소통 상황에서도 불편함을 자주 겪으며, 상황과 맥락에 맞는 표현을 찾는 것도 어렵다. 그런 의미에서 문해력은 단순히 글을 읽고 맥락을 이해하는 것을 넘어 자신의 생각을 효과적으로 표현할 수 있는 능력까지 포함하는 개념이다.

우리 아이들의 문해력 향상을 위해서는 우선 '제대로' 읽는 경험이 필요하다. 그래서 나는 정규 국어시간에 온전한 한 작품을 한 학기 혹은 한 해에 걸쳐 성취기준을 바탕으로 수행평가나 지필평가와 연계하여 교육과정을 재구성한다. 학생들이 개별적으로 다독하며 다양한 분야의 독서 습관을 형성하는 것도 중요하지만, 수업 시간에 친구들과 책으로 소통하며 의견을 주고받으면서 교사의 적절한 피드백이 곁들여지면 감상이 훨씬 깊어질 수 있다. 이러한 수업을 하기 위해서는 좋은 작품을 선정하는 교사의 안목이 중요하다.

나는 보통 한 학기나 한 해 동안 학생들이 기르기를 바라는 배움의 핵심 가치와 성취기준을 엮어 한 학기 핵심 질문을 설정한다. 그리고 이를 달성하기에 적절한 작품을 성취기준을 고려하여 고른 후, 평가와 수업의 얼개를 구체적으로 설계한다. 그리고 그 중심에는 책 메모 슬로리딩[1]이 있다.

---

1) 2016년 슬로리딩을 접한 후, 중학교 1학년 학생들과 기형도의 시 '엄마 걱정'을 처음으로 슬로리딩했다. 2017년부터 단편 소설 『동백꽃』(김유정), 『수난이대』(하근찬), 『아홉 살 인생』(위기철), 『우리들의 일그러진 영웅』(이문열), 『어린 왕자』(생텍쥐페리)를 한 학기 또는 한 해 동안 슬로리딩했다. 코로나19로 인해 비대면 원격 수업이 실시되면서 기존의 슬로리딩 방식을 학생들의 상황에 맞게 조금씩 바꾸었다. 2021년부터는 학생들이 개인별 도서를 준비하여 각자의 책에 감상을 직접 메모하고 포스트잇에 적어 붙이는 형식으로 변형했다. 이를 '책 메모 슬로리딩'이라 이름 짓고 지금까지 진행하고 있다.

하나.
핵심 질문으로 배움의 가치 세우기

나는 학생들의 유의미한 배움을 위해 새 학년이 시작하기 전인 2월에 고민을 가장 많이 한다. 그해 맡은 학생들을 생각하며 나와 1년을 함께 한 12월 끝 무렵, 학생들의 몸과 마음에 의미 있게 깃들기를 바라는 배움의 경험을 핵심 키워드로 설정한다. 최근에는 중학교 1학년들을 주로 맡았기에 초등학교를 갓 졸업하고 새로운 출발을 앞둔 학생들의 정서적, 심리적 상태까지 고려한다.

20년 이상 중학교에 근무하면서 현장에서 절감한 것은 해를 거듭할수록 무기력한 학생들이 많다는 것이다. 특히 요즘 아이들은 디지털을 통해 필요한 정보를 언제든지 쉽게 찾을 수 있고, 짧은 영상에 익숙한 디지털 원주민 세대여서인지 조금이라도 높은 벽이라고 생각하는 순간, 펜을 놓고 단념하는 모습이 아쉽다.

빠르고 쉽게 얻는 것보다 조금 힘들더라도 스스로 노력해서 얻는 기쁨을 아이들이 느꼈으면 좋겠다. 작은 성취감을 통해 스스로 '나도 잘하는 것이 있구나!'라는 자신감을 가졌으면 좋겠다. 벽을 마주하더라도 작은 계단으로 잘게 다듬어가며 한 걸음씩 성장하는 경험이 소중하다는 것을 느끼게 하고 싶다.

이 모든 과정이 거창하고 특별한 것이 아니라, 소소한 일상생활 속에서 하나씩 이루어 갈 수 있다는 생각을 내 수업을 통해 심어 주고 싶다. 실수하고 실패하더라도 용기 내어 도전하는 아이들로 키우고 싶다. 일상의 삶에 충실하고 자신을 믿으며 노력하는 자체가 성장일 수 있음을 깨닫게 하고 싶다. 누구나 성장에 대한 열망이 내면에 존재한다. 수업시간 내내 엎드려 자는 아이조차 '나는 못하고 싶어요!'라고 외치는 아이는 없다. 나와 수업한 학생들이 한 해가 지나고 나면 각자의 가슴에 '그래, 나도 할 수 있구나!'라는 자기 효능감으로 도전 의식이 새겨지고 한 뼘 더 성장하면 더할 나위 없이 좋겠다.

그래서 '도전, 용기, 자립'을 포함한 '성장'을 배움의 핵심 가치로 설정하고, '나의 성장과 자립을 위해 무엇을 도전하고 실천해야 할까?'를 핵심 질문으로 삼았다.

둘.
슬로리딩에 적합한 작품 고르기

    천천히 깊게 읽는 슬로리딩을 통해 학생들이 최종적으로 성장하기를 바라는 모습은 '제대로' 읽고 쓰는 경험을 통해 자신의 생각을 원활하게 표현하고, 기본적인 문해력을 갖추는 것이다. 나는 정규 국어시간에 천천히 함께 읽기를 실시하므로 개인적인 흥미와 기호에 따른 다양한 분야의 다독은 개별 학생에게 맡기고, 수업시간에는 한 학기 배움의 핵심 가치가 담긴 중편 또는 단편 소설을 선택해서 학생들과 함께 읽는다.

    매년 배움의 핵심 키워드가 다양한 등장인물과 사건으로 녹아있는 엄선된 작품을 선정하는 작업이 가장 어렵다. 그래서 방학이면 적합한 작품을 찾느라 매우 분주하다. '성장'을 주제로 한 단편 소설은 많지만, 학생들에게 잊지 못할 감동을 주는 작품을 찾아야 한다. 박진감 넘치고 읽는 재미가 쏠쏠한 작품도 좋지만, 읽으면서 잠시 멈추며 곱씹을 수 있는 지점들이 있어야 깊이 읽기가 가능하다.

    사회적 상황이나 풍습, 문화와 관련 있는 작품이라면 다양한 샛길 활동이 가능하므로 슬로리딩하기 좋지만, 학생들의 삶이 담긴 소재나 사회적인 이슈, 청소년기에 정립되어야 할 도덕적 가치관을 담은 작품도 고려해 볼 수 있다. '성장'은 청소년이라면 누구나 고민하는 주제이므로 작품 속 등장인물을 통해 자신의 성장을 깊이 있게 들여다볼 수 있는 작품이 필요했다.

'고양이의 날'[2]에는 이제 태어난 지 오 개월째로 접어든 잿빛 줄무늬를 가진 길고양이가 독립하는 과정이 나온다. 사람으로 치면, 우리 아이들 또래쯤 된다. 자신과 비슷한 또래의 주인공이 다양한 위기 상황을 극복하고 도전하는 장면은 아이들의 마음에 잔잔한 울림을 주기에 충분했다. 특히 고양이는 대부분의 아이들에게 사랑받는 존재이니 소재만으로도 흥미를 끌기 좋았다. 등장인물들 간의 박진감 넘치는 사건 전개도 흥미로웠지만, 무엇보다 작가의 의도가 담긴 비유와 상징적인 표현이 일품이었다. 이 작품을 발견한 순간 나는 무릎을 쳤고, 아이들과 함께 꼭 읽어 보고 싶다는 욕구로 가득했다.

이 작품을 통해 도전하는 주인공의 모습과 부모의 지혜로운 교육 방식, 우리 삶 속에 존재하는 다양한 '영역'에 대해 새로운 관점으로 수업을 구상할 수 있었다. 특히 일상 속에서 소소하게 했던 행동들이 학생들 각자에게 성장의 밑거름이었음을 깨닫도록 '고양이의 날' 책 메모 슬로리딩 수업을 설계했다.

---

[2] '고양이의 날'(이현)은 창비청소년문학50 『파란 아이』(2021, 박숙경 엮음, 창비) 소설집에 수록된 단편 소설이다.

셋.
교육과정 재구성하기

    국어는 교과의 특성상 말하기, 듣기, 읽기, 쓰기와 관련된 역량을 문학 작품을 통해 통합적으로 학습할 수 있다. 나는 2023년, 2024년 배움의 핵심 가치를 '도전, 용기, 자립'을 포함한 '성장'으로 잡았고, 중학교 1학년 학생들과 '고양이의 날'을 한 학기 한 권 읽기와 연계하여 슬로리딩하기로 했다. 배움의 핵심 가치가 '성장'이기에 주인공인 잿빛 고양이에게 '고양이의 날'이 있듯이, 학생들 각자에게는 자신만의 성장의 날이 있을 것이고, 그 경험을 글로 쓰는 활동으로 삶과 연계하고자 했다. 단순히 자신의 성장 이야기를 쓰는 것이 아니라, 작품 속 주인공의 성장과 연관 지어 내면화하는 것이다.

    그러기 위해서는 작품을 천천히 깊게 읽어야 한다. 문해력의 기본은 책 읽는 습관에서부터 시작한다. 그 과정을 정규 국어시간에 교사와 동행하며 친구들과 함께 익혀 나간다는 것 자체가 의미 있고 중요하다.

    학생들은 독립을 앞둔 잿빛 고양이의 말과 행동을 중심으로 주요 사건을 이해하고 작품을 해석한다. 마치 자신이 잿빛 고양이인 듯 어미의 냉정한 태도에 서운해하기도 한다. 작품을 읽으면서 개별로 또는 모둠원들과 분담하여 찾은 궁금단어 책 메모 슬로리딩을 하고, 모르는 단어는 지나치지 않고 앞뒤 문맥의 흐름을 통해 뜻을 짐작한 후, 뜻과 유의어, 예문 등을 찾아 정리한다. 각 장에서 필수적으로 익힐 이끎단어를 선정하여 나만의 단어장으로 어휘력을 확장한다. 친구들과 함께 읽은 두세 쪽의 내용에서 등장인물의 말과 행동을 중심으로 궁금한 내용을 질문으로 만들어 본다. 그날 살펴본 작품의 내용에서 가장 인상적인 장면을 골라 책에 메모하고, 단어나 문장, 등장인물의 대사나 접속어를 통해 예측한 내용을 책에 메모한다. 각 장마다 주요 사건에 밑줄을 긋고 그 내용을 바탕으로 작가가 되어 소제목을 지은 후, 포스트잇에 적어 책에 붙인다. 작품을 읽다가 조사해 보고 싶은 탐구주제를 함께 만들어 찾아보기도 하고, 주제와 관련된 내용을 토론하기도 한다.

이와 같은 과정은 추론하고 비판하며 사고하는 힘을 키우고, 문해력 향상을 위한 기본 습관을 조금씩 만든다. 이 모든 과정을 작품에 직접 메모하는 형식으로 책 메모 슬로리딩 활동을 구상했다. 학생들은 아래와 같이 다섯 가지의 색깔로 구분된 띠지로 책 메모 활동을 구분하여 작품을 다 읽은 후에도 쉽게 찾아볼 수 있도록 했다.

[책 메모 슬로리딩 학생 안내용][3]

---

[3] '책 메모 슬로리딩 학생 안내용'에 사용된 이미지는 미리 캔버스에서 무료로 제공한 양식을 활용하였다.

[색깔별로 표시할 띠지][4]

 [도움말]

책 표지 뒷면에 '책 메모 슬로리딩 표시 방법'과 색깔별 띠지를 부착해 두면, 학생들이 편리하게 활용할 수 있다.

[활용 사례]

---

4) 시중에 판매하는 '인덱스 포스트잇' 중 다섯 가지 색깔이 있는 것을 사용하였다.

학생들은 지금까지 눈으로만 책을 읽은 후, 독서 감상문으로 줄거리 요약과 감상을 정리하는 경험이 많았다고 했다. 물론 개인에 따라 책을 읽는 과정에서 질문하고 토론하는 경험을 한 학생들도 있었지만, 단어부터 탐구 질문까지 천천히 깊게 읽는 독서를 한 학생은 거의 없었다. 단편 소설이어서 분량에 대한 부담은 없었지만, 중학생들이 한 번쯤은 고민해 볼 만한 성장과 자립을 주제로 했기에 다양한 관점에서 질문하고 토론하면서 말하기와 듣기, 읽기와 쓰기의 통합적 배움 활동도 동시에 진행할 수 있도록 수업을 설계했다. 그리고 배움 활동의 마지막에는 학생들 각자의 성장 경험을 글로 표현하도록 구상했다.

학생들의 책 메모 슬로리딩이 적절히 이루어지고 있는지, 개별 학생들의 문해력 수준을 점검하고 향상된 정도를 확인하기 위해 개별 피드백은 각자의 포트폴리오에 종이로 붙여 돌려주는 방식을 구상했고, 글쓰기는 문장의 흐름이 매끄럽도록 첨삭지도 피드백을 계획했다.

이와 같이 책에 메모하며 읽고 쓰는 습관을 한 학기 동안 꾸준히 지도했다. 처음에는 읽는 것조차 힘들어하던 학생들도 경험이 쌓일수록 단어와 문장, 중심 사건 이해, 등장인물의 선택에 대한 추론과 비판의 과정을 자연스럽게 익히게 되었다. 그 과정에서 작품을 반복해서 자세히 들여다보는 활동이 시나브로 이루어졌다. 배움을 나누며 자신이 '제대로' 익히고 있는지 자기 점검과 성찰을 통해 메타 인지의 발달도 경험하도록 했다.

이러한 활동은 학생들의 개별 포트폴리오 한 권과 스크랩북 한 권, 총 두 권에 활동별로 오롯이 누적되도록 구상했다.[5] 또 모둠별 문구 바구니

---

[5] 학생들에게 제공한 개별 포트폴리오와 스크랩북의 표지 그림은 미리 캔버스, 픽사베이 등에

를 제공하여 학생들의 배움에 도움이 되도록 했다.[6)]

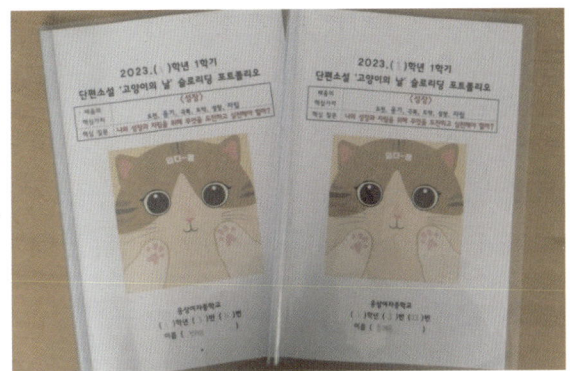

[개인별 포트폴리오]

[개인별 스크랩북]

  서 무료로 제공한 이미지를 활용했고, 학급별 국어 도우미를 2명씩 지정하여 수업 전, 후에 포트폴리오, 스크랩북의 배부와 수거를 맡겼다.
6) 모둠별로 문구 바구니에 4인이 사용할 형광펜 세트, 다양한 크기와 모양의 포스트잇을 충분히 제공하고, 모둠원들이 매 차시 돌아가며 문구 도우미('문구 요정')가 되어 문구 배부 및 뒷정리를 했다.

[모둠별로 제공한 문구 바구니]

2023년과 2024년 '성장'을 핵심 가치로 한 책 메모 슬로리딩 교육과정 설계는 각각 다음과 같다.

[2023. 중학교 1학년 1학기 슬로리딩 교육과정 설계][7]

활동명	소설 '고양이의 날' 책 메모 슬로리딩	총차시	32
성취기준 (2015)	[9국05-02] 비유와 상징의 표현 효과를 바탕으로 작품을 수용하고 생산한다. [9국03-05] 자신의 삶과 경험을 바탕으로 하여 독자에게 감동이나 즐거움을 주는 글을 쓴다. [9국02-08] 도서관이나 인터넷에서 관련 자료를 찾아 참고하면서 한 편의 글을 읽는다. [9국01-10] 내용의 타당성을 판단하며 듣는다. [9국05-10] 인간의 성장을 다룬 작품을 읽으며 삶을 성찰하는 태도를 지닌다.		

---

[7] 2023년 중학교 1학년 1학기는 자유학기로, 학급당 주 2시간씩, 한 학기 동안 단편 소설 '고양이의 날'(이현) 책 메모 슬로리딩을 했다.

2022 개정 교육과정 관련 성취기준	[9국05-01] 운율, 비유, 상징의 특징과 효과에 유의하며 작품을 감상하고 창작한다. [9국03-05] 자신의 삶과 경험을 바탕으로 정서를 진솔하게 표현하는 글을 쓴다. [9국02-03] 독자의 배경지식과 글에 나타난 정서 등을 활용하여 글에 드러나지 않은 의도나 관점을 추론하며 읽는다. [9국01-01] 화자의 의도와 관점을 추론하며 듣는다. [9국05-03] 인간의 성장을 다룬 작품을 읽으며 문학의 가치를 내면화한다.
배움의 핵심 가치	〈성장〉 도전, 용기, 극복, 도약, 자립
핵심 질문	나의 성장과 자립을 위해 무엇을 도전하고 실천해야 할까?

차시	성취기준	평가 및 피드백	주요 배움 활동	기대하는 문해력
1		첫 시간 O.T	• 첫 만남 아이스브레이킹 • 한 학기 배움 활동 소개 (배움의 보물지도 안내) • 배움과 성장을 위한 나의 실천 다짐 작성	
2~3	[9국02-08] 도서관이나 인터넷에서 관련 자료를 찾아 참고하면서 한 편의 글을 읽는다. [9국05-10] 인간의 성장을 다룬 작품을 읽으며 삶을 성찰하는 태도를 지닌다.	'고양이의 날' 책 메모 슬로리딩 ① 개별 포트폴리오 작성 ② 모둠 내 공유, 발표 ③ 개별학생 교사 피드백 ※ 어학 사전을 활용한 단어 검색 과정 확인	'고양이의 날' 제1장 책 메모 슬로리딩]8) • 소리 내어 함께 읽기 • 궁금단어, 이끎단어 '나만의 단어장' 책 메모 • 인상적인 장면 책 메모 • 궁금 궁금 질문을 잡아라 책 메모 • 예측하며 책 메모	어휘력, 문장 이해 능력

[설렘] 책 메모 슬로리딩을 구상하다

차시				
4~5			['고양이의 날' 제2장 책 메모 슬로리딩] • 소리 내어 함께 읽기 • 궁금단어, 이끎단어 '나만의 단어장' 책 메모 • 인상적인 장면 책 메모 • 궁금 궁금 질문을 잡아라 책 메모 • 예측하며 책 메모	어휘력, 문장 이해 능력, 추론하며 읽기, 독해력
6		그림 표현의 우수성보다 장면 묘사의 이해를 점검	[장면 묘사 그림으로 표현하기] • 제2장의 장면 묘사를 스크랩북에 그림 그리기	문맥 이해 및 문장 이해 능력 향상
7~9		'고양이의 날' 책 메모 슬로리딩 ① 개별 포트폴리오 작성 ② 모둠 내 공유, 발표 ③ 개별학생 교사 피드백	['고양이의 날' 제3장 책 메모 슬로리딩] • 소리 내어 함께 읽기 • 궁금단어, 이끎단어 '나만의 단어장' 책 메모 • 인상적인 장면 책 메모 • 궁금 궁금 질문을 잡아라 책 메모 • 예측하며 책 메모	어휘력, 문장 이해 능력, 추론하며 읽기, 독해력
10		샛길 활동에 대한 안내 및 흥미 유도	[호기심 찾아 쉬엄쉬엄, 단어 탐구 샛길 활동] • '영역'의 뜻, 유의어 • 고양이에게 영역이란? • 나에게 중요한 영역은? • '영역'이라는 단어와 관련 있는 정보를 자유롭게 탐색	단어 탐구 능력

11~13	'고양이의 날' 책 메모 슬로리딩 ① 개별 포트폴리오 작성 ② 모둠 내 공유, 발표 ③ 개별학생 교사 피드백	['고양이의 날' 제4장 책 메모 슬로리딩] • 소리 내어 함께 읽기 • 궁금단어, 이끎단어 '나만의 단어장' 책 메모 • 인상적인 장면 책 메모 • 궁금 궁금 질문을 잡아라 책 메모 • 예측하며 책 메모	어휘력, 문장 이해 능력, 추론하며 읽기, 독해력
14	작품 읽기에 재미를 더해 주는 샛길 활동	• 제4장에 나타난 상징 표현 이해하기 • '잿빛 고양이'의 성장의 순간 찾기 • '고양이의 눈' 패러디 문장 만들기	문장 구성 능력
15	'고양이의 날' 책 메모 슬로리딩 ① 개별 포트폴리오 작성 ② 모둠 내 공유, 발표 ③ 개별학생 교사 피드백	['고양이의 날' 제5장 책 메모 슬로리딩] • 소리 내어 함께 읽기 • 궁금단어, 이끎단어 '나만의 단어장' 책 메모 • 인상적인 장면 책 메모 • 궁금 궁금 질문을 잡아라 책 메모 • 예측하며 책 메모	어휘력, 문장 이해 능력, 추론하며 읽기, 독해력
16~17	두 가지 주장에 대한 이유를 작품과 관련지어 작성하도록 피드백	[두 마음 토론 활동, 가치 수직선 토론 활동] '검은 고양이는 일부러 잿빛 줄무늬 고양이가 영역을 벗어나 왕초 고양이에게 쫓기게 한 후, 스스로 나무 위에 오르고 혼자 힘으로 내려오도록 했다. 검은 고양이의 행동은 잘 한 것인가?'	추론하며 읽기, 의사소통하며 읽기, 비판적 읽기, 독해력

[설렘] 책 메모 슬로리딩을 구상하다

18		각 장의 중심 사건에 해당하는 핵심 단어나 문장 찾기 피드백	['고양이의 날' 제1장~제5장 책 메모 슬로리딩] • 각 장의 중심 사건과 관련된 부분에 밑줄 긋기 • 각 장의 중심 사건 요약하기 • 각 장의 소제목 짓기 '개성 만점 내 맘대로 제목 달기'	독해력
19~20	[9국01-10] 내용의 타당성을 판단하며 듣는다.	작품의 내용을 바탕으로 주장에 대한 근거를 찾는지 점검	['고양이의 날' 질문하며 책 대화하기 1] • 유형별 질문 만들기 연습(내용 확인 질문, 해석 평가 질문, 삶 연계 질문, 샛길 질문) • 모둠 질문 만들고, 책 대화하기 • 질문에 대해 주장과 근거 제시하기 • 친구들의 의견(주장과 근거) 타당성 판단하기	비판적 읽기 판단하며 읽기
21~22			['고양이의 날' 질문하며 책 대화하기 2] 내가 등장인물 되기 - • 등장인물에게 궁금한 질문 만들기 • 1인 1등장인물 역할 정하기 • 각 등장인물 별 질문에 대답하고 정리하기 • 각 등장인물의 대답을 작품 내용과 연관지어 타당성 판단하기	비판적 읽기 판단하며 읽기 공감하며 읽기 의사소통 하며 읽기

차시	성취기준	피드백	활동	핵심역량
23~24	[9국05-02] 비유와 상징의 표현 효과를 바탕으로 작품을 수용하고 생산한다.	비유와 상징을 이해하고 표현할 수 있도록 피드백 (패들렛 활용)	['고양이의 날' 등장인물 비유적으로 표현하기] • 시 '햇비'(윤동주)를 통해 비유 알기 • K-POP 노래 가사 속 비유 찾기 • '고양이의 날' 등장인물을 비유적으로 표현하기 1	추론하며 읽기 독해력
25~26			['고양이의 날' 상징 표현 이해하기] • 시 '고래를 위하여'(정호승)를 통해 상징 알기 • 상징을 활용한 모방시 쓰기 • '고양이의 눈', '고양이의 날' 상징 표현 이해하기	
27		비유를 활용하여 등장인물의 성격과 특징을 표현하도록 개별 피드백 (패들렛 활용)	['고양이의 날' 등장인물 집중 탐구] • 인물 관계도 작성 • '고양이의 날' 등장인물을 비유적으로 표현하기 2 • 피드백을 통한 수정	독해력
28~31	[9국03-05] 자신의 삶과 경험을 바탕으로 하여 독자에게 감동이나 즐거움을 주는 글을 쓴다.	작품의 내용과 자신의 성장을 연계하여 경험 글쓰기가 되도록 피드백	[나 ○○○의 성장 경험 글쓰기] • '고양이의 날' 잿빛 고양이의 성장과 연계하기 • '고양이의 날'을 읽고, 성장이란 무엇인지 생각하기 • 자신을 성장하게 한 경험을 글로 표현하기	문장 구성 능력

				• 더욱 성장하기 위해 도전하고 실천할 과제 설정하기 • 글쓰기 유형 두 가지 중 선택 가능 ① 문단별 배움 질문에 따른 글쓰기 ② 자유 형식 글쓰기	
	32			한 학기 배움 활동 성찰 및 수업 설문, 피드백	

	앞표지	'고양이의 날' 나만의 슬로리딩 책 표지 꾸미기
	1쪽	[차례] (제1장~제5장 개성 만점 제목 적기)
	2쪽	[줄거리] (제1장~제5장 중심 사건 요약 적기)
2023년 스크랩북 구성	3-4쪽	[장면 묘사 그림으로 표현하기]
	5-6쪽	['고양이의 날' 인물 관계도]
	7-8쪽	[호기심 찾아 쉬엄쉬엄, 단어 탐구 샛길 활동] '영역'을 중심으로 ① 뜻, 유의어 ② 고양이에게 영역이란? ③ 나에게 중요한 영역은? ④ '영역'이라는 단어와 관련 있는 정보를 자유롭게 탐색하기
	9-10쪽	[내 마음을 울린 명대사 모음]

8) 학생들에게 '고양이의 날'의 전체 내용을 훑어보기 전에 소설 구성의 단계별로 제1장~제5장으로 구분하여 각 장별 읽기를 먼저 했다. 제1장은 발단, 제2장은 전개, 제3장은 위기, 제4장은 절정, 제5장은 결말에 해당한다. 책 읽기에 흥미가 적은 학생들을 고려하여 뒤의 사건을 예측해 보면서 책의 내용에 궁금증과 호기심을 갖도록 하고 싶어서였다. '개성 만점 내 맘대로 제목달기'는 슬로리딩 기본 활동을 한 후, 다시 훑어보며 각 장의 소제목을 짓는 것으로 마무리했다.

	11-12쪽	[등장인물을 통해 성장을 발견하다] '잿빛 줄무늬 고양이의 성장의 순간 모음'
	13-14쪽	[등장인물을 통해 나를 발견하다] '잿빛 줄무늬 고양이와 나는 무엇이 닮았을까?'
	15-16쪽	[내 삶의 한 단계 성장의 순간] '잿빛 줄무늬 고양이에게 고양이의 날이 있듯이, 나에게는 ○○○의 날이 있어!' ① 언제, 어디서 있었던 일인가? ② '고양이의 날'과 어떤 점에서 관련이 있을까? ③ 이 사건을 성장의 순간이라고 생각하는 이유는 무엇인가? ④ 그 경험으로 내가 느끼고 깨달은 점은 무엇인가?
	17-18쪽	[일상의 경험으로 성장을 깨닫다] ① 내가 생각하는 성장이란 ○○○이다. ② 나의 성장을 위한 실천 약속은?
	뒤표지	'고양이의 날' 작품 감상 뇌 구조도

[2024. 중학교 1학년 한 해 슬로리딩 교육과정 설계][9]

활동명		소설 '고양이의 날' 책 메모 슬로리딩	총차시	30 (1학기 15/ 2학기 15)
성취기준 (2015)	1학기	[9국02-08] 도서관이나 인터넷에서 관련 자료를 찾아 참고하면서 한 편의 글을 읽는다. [9국01-10] 내용의 타당성을 판단하며 듣는다. [9국05-10] 인간의 성장을 다룬 작품을 읽으며 삶을 성찰하는 태도를 지닌다.		

---

9) 2024년에는 중학교 1학년 학생들과 학급당 주 1시간씩, 한 해 동안 단편 소설 '고양이의 날'(이현) 책 메모 슬로리딩을 했다.

2022 개정 교육과정 관련 성취기준	2학기	[9국03-08] 영상이나 인터넷 등의 매체 특성을 고려하여 생각이나 느낌, 경험을 표현한다. [9국01-04] 토의에서 의견을 교환하여 합리적으로 문제를 해결한다. [9국05-10] 인간의 성장을 다룬 작품을 읽으며 삶을 성찰하는 태도를 지닌다.
	1학기	[9국02-03] 독자의 배경지식과 글에 나타난 정서 등을 활용하여 글에 드러나지 않은 의도나 관점을 추론하며 읽는다. [9국01-01] 화자의 의도와 관점을 추론하며 듣는다. [9국05-03] 인간의 성장을 다룬 작품을 읽으며 문학의 가치를 내면화한다.
	2학기	[9국06-02] 소통 맥락과 수용자 참여 양상을 고려하여 상호 작용적 매체를 분석한다. [9국01-07] 토의에서 다양한 의견을 교환하여 대안을 마련하고 문제를 해결한다. [9국05-03] 인간의 성장을 다룬 작품을 읽으며 문학의 가치를 내면화한다.
배움의 핵심 가치		〈성장〉 도전, 용기, 극복, 도약, 자립
핵심 질문		나의 성장과 자립을 위해 무엇을 도전하고 실천해야 할까?

차시	성취기준	평가 및 피드백	주요 배움 활동	기대하는 문해력
1학기				
1		첫 시간 O.T	• 첫 만남 아이스브레이킹 • 한 학기 배움 활동 소개 (배움의 보물지도 안내) • 배움과 성장을 위한 나의 실천 다짐 발표	
1학기 수행평가 (1) '책 메모 슬로리딩'				
2		'고양이의 날' 책 메모 슬로리딩 ① 개별 포트폴리오 작성 ② 모둠 내 공유, 발표	['고양이의 날' 제1장 책 메모 슬로리딩] • 소리 내어 함께 읽기 • 궁금단어 책 메모 • 인상적인 장면 책 메모	어휘력, 문장 이해 능력

3~4		③ 개별학생 교사 피드백 ※어학 사전을 활용한 단어 검색과정 확인	['고양이의 날' 제2장 책 메모 슬로리딩] • 소리 내어 함께 읽기 • 궁금단어 책 메모 • 인상적인 장면 책 메모 • 궁금 궁금 질문을 잡아라 책 메모 • 예측하며 책 메모 • 내용확인 퀴즈 활동[10]	어휘력, 문장 이해 능력, 추론하며 읽기, 독해력
5	[9국02-08] 도서관이나 인터넷에서 관련 자료를 찾아 참고하면서 한 편의 글을 읽는다. [9국05-10] 인간의 성장을 다룬 작품을 읽으며 삶을 성찰하는 태도를 지닌다.	그림 표현의 우수성보다 장면 묘사의 이해를 점검	[장면 묘사 그림으로 표현하기] • 제2장의 장면 묘사를 스크랩북에 그림 그리기	문맥 이해 및 문장 이해 능력
6~7		'고양이의 날' 책 메모 슬로리딩 ① 개별 포트폴리오 작성 ② 모둠 내 공유, 발표 ③ 개별학생 교사 피드백	['고양이의 날' 제3장 책 메모 슬로리딩] • 소리 내어 함께 읽기 • 궁금단어 책 메모 • 인상적인 장면 책 메모 • 궁금 궁금 질문을 잡아라 책 메모 • 예측하며 책 메모 • 내용 확인 퀴즈 활동	어휘력, 문장 이해 능력, 추론하며 읽기, 독해력
8		샛길 활동에 대한 안내 및 흥미 유도	[호기심 찾아 쉬엄쉬엄, 단어 탐구 샛길 활동] • '영역'의 뜻, 유의어 • 고양이에게 영역이란? [나를 성장하게 하는 샛길 활동] • 나만의 영역 소개하기	단어 탐구 능력

---

10) 주 1회 수업의 어려움 중 하나는 학생들이 이전 차시의 학습 기억을 회상할 시간이 많이 필요하다는 점이다. 특히 소설을 주 1회 읽기로 진행하다 보니, 중심 사건에 대한 정리가 필요했다. 그래서 모둠별로 독서 퀴즈 형식을 변형하여 내용확인 퀴즈 활동을 추가했다.

9~10		'고양이의 날' 책 메모 슬로리딩 ① 개별 포트폴리오 작성 ② 모둠 내 공유, 발표 ③ 개별학생 교사 피드백	['고양이의 날' 제4장 책 메모 슬로리딩] • 소리 내어 함께 읽기 • 궁금단어 책 메모 • 인상적인 장면 책 메모 • 궁금 궁금 질문을 잡아라 책 메모 • 예측하며 책 메모 • 내용확인 퀴즈 활동	어휘력, 문장 이해 능력, 추론하며 읽기, 독해력
11		작품 읽기에 흥미유도	['고양이의 날' 상징과 성장, 패러디 문장 만들기] • 제4장에 나타난 상징표현 이해하기 • '잿빛 고양이'의 성장의 순간 찾기 • '고양이의 눈' 패러디 문장 만들기	추론하며 읽기, 문장 구성 능력
12		'고양이의 날' 책 메모 슬로리딩 ① 개별 포트폴리오 작성 ② 모둠 내 공유, 발표 ③ 개별학생 교사 피드백	['고양이의 날' 제5장 책 메모 슬로리딩] • 소리 내어 함께 읽기 • 궁금단어 책 메모 • 인상적인 장면 책 메모 • 궁금 궁금 질문을 잡아라 책 메모 • 예측하며 책 메모	어휘력, 문장 이해 능력, 추론하며 읽기, 독해력
1학기 수행평가 (2) 질문하며 책 대화하기				
13-14	[9국01-10] 내용의 타당성을 판단하며 듣는다.	작품의 내용을 바탕으로 주장에 대한 근거를 찾는지 점검	['고양이의 날' 질문하며 책 대화하기] • 질문 만들기 연습(분석 질문, 평가 질문, 적용 질문)	추론하며 읽기, 독해력

			• 개인 질문 만들기 • 모둠 질문 정하고, 책 대화하기 • 질문에 대한 주장과 근거 제시하기 • 친구들의 의견(주장과 근거) 타당성 판단하기	
		1학기 수행평가 (1) 책 메모 슬로리딩		
15	[9국05-10] 인간의 성장을 다룬 작품을 읽으며 삶을 성찰하는 태도를 지닌다.	각 장의 중심 사건에 해당하는 핵심단어나 문장 찾기 모둠별 피드백	['고양이의 날' 제1장~제5장 책 메모 슬로리딩] • 각 장의 중심 사건과 관련된 부분에 밑줄 긋기 • 각 장의 중심 사건 요약하기 • '개성 만점 내 맘대로 제목 달기'를 통해 각 장의 소제목 짓기 ※ 한 학기 배움 활동 성찰 및 수업 설문, 피드백	독해력
		2학기		
1	[9국05-10] 인간의 성장을 다룬 작품을 읽으며 삶을 성찰하는 태도를 지닌다.	첫 시간 O.T	• 개인별 스마트폰 갤러리 사진을 활용한 방학 중 경험 공유 • 1학기 슬로리딩한 개인별 포트폴리오 훑어보기 • 2학기 수업 과정 안내 • 배움과 성장을 위한 나의 실천 다짐 발표	

2		1학기 슬로리딩 활동 훑어보며 스크랩북에 정리하도록 안내	['고양이의 날' 차례, 줄거리 작성] ① 차례 - '책 메모 슬로리딩' 기본 활동에서 한 '각 장별 개성 만점 제목 달기 내용 적기 ② 줄거리 - 각 장별 중심 사건 밑줄 긋고 정리한 내용 적기	문장 구성 능력, 종합적 사고 능력
3		1학기 슬로리딩 활동 훑어보며 정리하도록 안내, 등장인물의 말과 행동을 중심으로 파악하도록 지도	• '명대사 명장면 모음' 작성 • 개인별로 집중 탐구할 등장인물 정하고, 탐색하기	문장 해석 능력
2학기 수행평가 '등장인물에게 선물하는 시 처방전 스토리보드 제작'				
4	[9국05-10] 인간의 성장을 다룬 작품을 읽으며 삶을 성찰하는 태도를 지닌다.	작품에 드러나는 근거를 찾고, 이유를 구체적으로 작성하도록 개별 피드백	수행활동 1 [등장인물 집중 탐구 활동] (부제:**고양이가 알고 싶다) • 선택한 등장인물의 특징, 성격, 의미 있는 장면이나 대사, (자신과) 닮은 점(닮고 싶은 점) 정리하기	추론하며 읽기
5	[9국03-08] 영상이나 인터넷 등의 매체 특성을 고려하여 생각이나 느낌, 경험을 표현한다.	작품 속 등장인물의 상황에 어울리는 내용으로 편지를 쓰고, 처방전으로 선물하고 싶은 시를 선택하도록 피드백	수행활동 2 [등장인물에게 시 처방전 선물하기] • 등장인물에게 하고 싶은 말(조언, 격려, 응원 등) 편지쓰기 • 시집 읽고, 선물하고 싶은 처방 시 골라 필사하기	문장 구성 능력, 추론하며 읽기

			수행활동 3 [나만의 시 처방전 스토리보드 제작하기] • 등장인물의 상황이 반영된 창작시 작성하기 • 시의 내용이 담긴 장면 그림 표현하기 • 시의 내용에 어울리는 배경음악 표현하기 [나만의 시 처방전 음원 영상 제작하기][11] • 생성형 AI 음원 제작 Suno AI 활용하기 • 등장인물에게 선물하는 창작시를 노랫말로 삼아 나만의 음원 제작하기	
6-7		자신이 창작한 처방시와 어울리는 장면 그림과 배경음악으로 표현하도록 안내		문장 구성 능력, 추론하며 읽기
8	[9국05-10] 인간의 성장을 다룬 작품을 읽으며 삶을 성찰하는 태도를 지닌다.	일상의 경험 중에서 의미 있는 성장의 순간을 떠올리도록 안내	[내 삶의 한 단계 성장의 순간] • 언제, 어디서 있었던 일이지? • 그 사건이 '고양이의 날'과 관련 있다고 생각하는 이유는? • 그 사건을 성장의 순간이라고 생각하는 이유는? • 그 경험으로 내가 느끼고 깨달은 점은?	문장 구성 능력, 추론하며 읽기

---

11) [나만의 시 처방전 음원 영상 제작하기]는 생성형 AI 중에서 Suno AI 음원생성 사이트를 활용했는데, 학생들의 개인 기기 상황에 따라 진행이 어려울 수 있기에 수행평가는 스토리보드 작성까지만 반영했다.

9		등장인물과 자신의 성장 경험을 연계하도록 개별 피드백	[일상의 경험으로 성장(자립)을 깨닫다] • 내가 생각하는 성장이란? • 나의 성장을 위한 실천 약속 두 가지 작성하기	문장 구성 능력, 추론하며 읽기
10		학생의 개별 이해도 점검 및 형성평가 실시	• 교과서를 통해 토의 활동 이해하기	
11	[9국01-04] 토의에서 의견을 교환하여 합리적으로 문제를 해결한다.	다양한 예시로 학생들의 이해를 도움	[성장캠프 프로그램 제안서 토의 활동 1] • 청소년의 자립심과 도전의식을 키우는 성장캠프에 적합한 프로그램 제안서 토의하기 • 토의 주제 확인 • 모둠 구성 및 역할 분담	의사소통 능력
12-14		토의를 통해 합리적으로 문제를 해결하도록 지도	[성장캠프 프로그램 제안서 토의 활동 2] • 토의를 위한 자료 마련하기 • 토의 기록지 작성하기 • 토의하기 • 모둠별 프로그램 제안 토의 결과 발표 및 공유 • 다른 모둠의 좋은 제안 수집하기 • '내가 만든 성장캠프 프로그램 제안서' 작성하기	의사소통 능력
15			• 뇌 구조도 작성하며 '고양이의 날' 슬로리딩 마무리 ※ 한 학기 배움 활동 성찰 및 수업 설문, 피드백	

2024년 스크랩북 구성	앞표지	'고양이의 날' 나만의 슬로리딩 책 표지 꾸미기
	[2학기] 1쪽	[차례] (제1장~제5장 개성 만점 제목 적기)
	[2학기] 2쪽	[줄거리] (제1장~제5장 중심 사건 요약 적기)
	3-4쪽	[장면 묘사 그림으로 표현하기]
	5-6쪽	[나를 '성장'하게 한 명대사 명장면]
	7쪽	[단어 탐구 샛길 활동 '영역'] ① 뜻, 유의어 ② 고양이에게 영역이란 어떤 의미일까? ③ '영역'과 관련된 궁금한 정보 조사
	8쪽	[나를 성장하게 하는 샛길 활동] '나만의 영역' 소개하기[12] ① 나에게 중요하거나 갖고 싶은 '영역'은?(취미, 진로, 관심사, 장소 등) ② 그 영역이 나에게 중요한 이유는? ③ 그 영역과 관련된 경험, 사건이 있다면? ④ 그 영역과 관련지어 더욱 성장하기 위해 내가 할 일은?
	[2학기] 9-10쪽	[수행 1] 등장인물 집중 탐구 ('○○고양이'가 알고 싶다!) ① 특징 (작품에 나온 사실적인 정보) ② 성격 + 근거(*쪽) ③ (등장인물과 관련된) 의미 있는 장면이나 대사 + 이유 ④ 나와 닮은 점(닮고 싶은 점) + 이유

---

12) 2023년의 '영역' 단어 탐구 샛길 활동보다 '나만의 영역'에 좀 더 치중하여 학생들의 삶과 더 연결되도록 했다.

	[2학기] 11-12쪽	[수행 2] 등장인물에게 시 처방전 선물하기 ① 등장인물에게 하고 싶은 말(조언, 격려 등)을 편지로 쓰기 + 작품 내용과 연관지어 작성 ② 등장인물에게 선물하고 싶은 시 필사 + 이유(등장인물의 상황과 관련지어 설명)
	[2학기] 13-14쪽	[수행 3] 나만의 시 처방전 스토리보드 ① 창작시 작성 + 작품 속 등장인물의 상황 반영 ② 장면 그림 표현하기 ③ 배경 음악 선택하기
	[2학기] 15-16쪽	[내 삶의 한 단계 성장의 순간] ① 언제, 어디서 있었던 일인가? ② 그 사건이 '고양이의 날'과 관련 있다고 생각하는 이유는 무엇인가? ③ 이 사건을 성장의 순간이라고 생각하는 이유는 무엇인가? ④ 그 경험으로 내가 느끼고 깨달은 점은 무엇인가?
	[2학기] 17-18쪽	[일상의 경험으로 성장을 깨닫다] ① 내가 생각하는 성장은 ○○○이다. ② 나의 성장을 위한 실천 약속 두 가지
	[2학기] 뒤표지	'고양이의 날' 작품 감상 뇌 구조도

[익힘]

천천히 깊게
책 메모 슬로리딩하다

　책 메모 슬로리딩 기본 활동은 대략 아래의 과정으로 실시한다. 소리 내어 작품을 읽고, 모르는 단어를 찾아 정리하고, 나만의 단어장을 만든다. 그리고 인상적인 장면을 찾아 그 이유와 함께 책에 메모하고, 작품을 읽으면서 등장인물의 말과 행동, 사건과 상황에 대해 궁금한 것을 질문한다. 그리고 오늘 읽은 내용의 중심 사건을 요약하고, 학생들이 각자 작가가 되어 그날 읽은 내용의 소제목을 짓는다.

　이와 같은 책 메모 슬로리딩은 두 시간 연강 블록 타임의 경우, 연속성 있게 진행되지만, 한 차시 수업은 학생들의 성향과 학습 수준, 텍스트의 특성이나 사건 전개의 중요도, 교사의 수업 진행 방식에 따라 유동적으로 조정해야 한다.

　예를 들어, 소리 내어 작품을 읽은 후, 모르는 단어 찾기 활동까지 진행하거나 이전 시간에 읽기가 끝났다면 인상적인 장면과 궁금 질문을 작성한 후, 중심 사건 요약과 개성 만점 제목 달기까지 진행할 수 있다. 그리고 그날 읽는 부분에 어려운 어휘가 적다고 판단되면 소리 내어 읽은 후, 곧바로 인상적인 장면 책 메모나 궁금 질문 만들기 활동으로 진행할 수도 있다. 나는 대체로 주요 사건 정리와 개성 만점 제목 달기는 전체 작품을 슬로리딩한 후, 마지막에 몰아서 하는 방법을 선택했다.

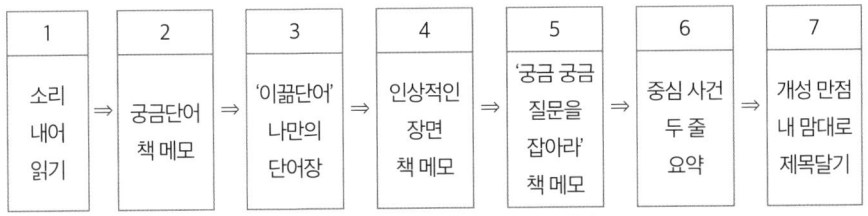

하나.
소리 내어 작품 읽기

 [소리 내어 읽는 방법]
- 두 명씩 짝 만들기
- 글의 흐름과 문맥, 내용을 생각하며 적절히 끊어 읽기
- 또박또박 소리 내어 읽기
- 모르는 단어는 형광펜으로 표시하기

나는 학생들에게 글을 읽을 때는 소리 내어 읽도록 지도한다. 눈으로 글을 따라가다 보면 자칫 집중하며 읽기 어렵고 무엇보다 꼼꼼하게 읽는 것이 힘들다. 특히 다양한 영상 매체의 빠른 속도감에 익숙해져 있는 청소년들에게는 중요한 부분만 빨리 읽고 넘어가려는 습관이 강하다. 심지어 중요하거나 눈에 띄는 내용만 읽고, 이어지는 글을 제대로 읽지 않았는데도 다 이해했다고 착각한다. 그럴 경우, 행간에 숨은 핵심 정보를 놓치거나 추론하고 생각하면서 더 깊이 이해할 주제가 누락될 수 있다.

그러나 소리 내어 읽으면 글의 흐름과 문맥에 따라 달리 해석되는 문장들을 발견할 수 있다. '잠깐만, 이게 무슨 말이지?'란 생각과 함께 어절이나 글의 맥락에 따라 다시 읽어 가며 점검한다. 우리가 흔히 알고 있는 사례인 '아버지가 방에 들어가신다.'와 '아버지 가방에 들어가신다.'는 소리 내어 읽으면 오류를 명확히 파악할 수 있다. 그리고 글의 내용에 따라 어절 또는 구를 중심으로 끊어 읽기가 가능한데, 이는 글을 이해하는 능력과 관련이 있다. 눈으로 읽는 것보다 소리 내어 또박또박 읽는 과정에서 자동 연상 작용이 이루어지고, 우리의 뇌는 활발하게 의미와 형식을 연결하며 시각화 또는 추론의 과정을 거친다.

 대체로 나는 그날 학생들과 함께 읽을 2쪽 내외의 분량을 짝과 함께 소리 내어 읽도록 지도한다. 학생들의 요구에 따라 4인 모둠을 기준으로 돌아가며 읽기도 하고, 학급의 전체 학생이 한 목소리로 읽거나 교사와 전체 학생이 일정 분량을 주거니 받거니 번갈아 읽기도 한다. 가끔은 학생들이 눈으로 읽고 싶어 할 때도 있는데, 그럴 경우도 이미 소리 내어 작품을 훑어본 후에 허용하는 편이다.

둘.
나만의 단어장 책 메모

 [궁금단어 책 메모 작성 방법]

- 소리 내어 읽으면서 형광펜으로 표시한 단어들 살펴보기
- 단어들의 뜻을 앞뒤 문맥의 흐름으로 추측하기
- 뜻을 짐작하기 어려운 단어 3~4개 고르기
- 인터넷 매체를 통해 단어 검색 및 어학 사전 활용하기
- 뜻, 유의어, 예문을 찾아서 단어 옆 빈칸에 메모하기
- 단어 정보를 정리한 곳에 노란색 띠지 붙이기

 [나만의 단어장 작성 방법]

- 각 장별로 핵심적인 이끎단어 정하기
- 이끎단어 중에서 한 개 골라, 포스트잇 가운데에 단어 쓰기
- 아래 여섯 가지 활동 작성하기

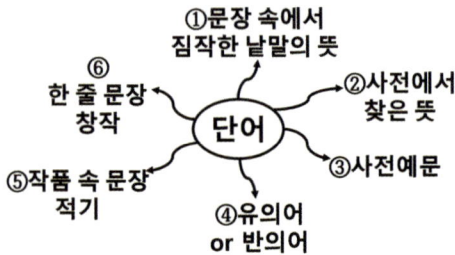

슬로리딩 수업을 할 때, 가장 공들이는 활동은 '궁금단어' 책 메모와 '나만의 단어장'을 만드는 것이다. 소설 '고양이의 날'에 등장하는 길고양이라는 소재는 중학교 학생들의 관심을 끌기에 충분했지만, 학생들은 서너 줄을 읽다가도 문맥의 흐름을 이해하지 못하거나 모르는 단어 때문에 자주 멈췄다. '저만을', '저마다'라는 표현도 낯설어했다.

우선 2~3쪽 분량을 짝과 함께 소리 내어 읽으면서 모르는 단어가 나오면 책에 형광펜으로 표시하도록 했다. 표시한 단어들은 앞뒤 문장의 흐름과 문맥을 고려하여 그 의미를 추측하도록 했는데, 그 의미를 짐작하기 어려운 단어는 개인 스마트 기기로 검색하고 어학 사전에 있는 뜻과 유의어, 예문을 단어 옆 빈칸에 메모하도록 했다. 뜻만 적지 않고 유의어도 찾는 이유는 뜻으로 풀어놓은 사전의 설명이 가끔 학생들이 이해하기 어려운 경우도 있어서이다. 그럴 경우, 유의어를 살펴보면 쉽게 이해되고 어휘망도 확장되는 효과가 있다. '궁금단어' 책 메모는 너무 부담스럽지 않도록 한 차시에 서너 개 정도만 실시했다.

이 정도면 크게 부담스럽지 않을 거라는 마음으로 학생들의 진행 과정을 살펴보았다. 모르는 단어가 너무 많아 형광펜 표시가 반 이상을 차지하는 학생, 모르는 단어가 있는 문장 전체를 형광펜으로 물들이는 학생, 모르는 단어가 없다며 표시 자체를 하지 않는 학생, 어디에 표시해야 할지 판단하지 못하는 학생 등 다양한 유형이 발견되었다.

모르는 단어가 많이 보이더라도 앞뒤 문맥의 흐름을 고려해서 꼭 확인하고 싶은 단어를 서너 개 정도만 찾도록 했다. 단어에 대한 개념이 부족한 학생은 하나의 문장을 예로 제시하여 단어를 구분 짓고 이해하도록 지도했다. 또 모르는 단어가 없다고 말하는 학생에게는 특정 단어가 포함된 문장을 제시한 후, 그 뜻을 설명해 보도록 했다. 이 활동에 대한 이해가 부족한 경우는 교사의 시범을 통해 도와주어야 한다.

모르는 단어를 사전이나 스마트 기기를 활용하여 찾아보는 것은 자신이 모르는 것을 지나치지 않는 습관을 만든다는 점에서 중요하다. 뒤의 이야기가 궁금하다며 오늘 함께 읽은 부분에서 단어를 찾는 것보다 페이지를 넘기기 위해 호시탐탐 기회를 노리는 학생들도 있었지만, 천천히 읽고 다지며 함께 익혀 나가자고 달랬다.

학생들은 단어의 뜻과 유의어를 메모한 후, 사전에 나와 있는 예문을 옮겨 적거나 단어의 뜻을 생각하며 짧은 문장을 창작하는 '내 맘대로 한 줄 창작'도 했다. 단어의 뜻만 이해하고 넘어가는 것이 아니라, 유의어를 통해 뜻을 생각하고 적절한 문장을 창작하면서 한 번 더 익혀 나갔다. 그런 뒤에는 작품의 본문에서 그 단어를 통해 알게 된 등장인물의 상황과 입장, 심리, 중심 사건과의 관련성을 생각해 보도록 했다.

학생들은 '공격'과 '침범'이라는 단어를 통해 고양이들에게 '영역'이 중요하다고 생각했고, '어슴푸레한'이라는 단어로 눈 내리는 새벽에 어미와 새끼 고양이가 이별하는 상황과 분위기를 상상하며 가슴 아파했다.[13]

단어의 뜻을 바탕으로 문장을 제대로 이해한 후 중심 사건을 잘 정리하는 것도 중요하지만, 자신의 생각을 더해 작품을 깊이 있게 곱씹어 보는 것, 그것이 슬로리딩이다. 지금까지 줄거리 중심으로 작품을 감상했던 학생들은 단어와 문장 서너 줄만을 들여다보며 생각을 조금씩 넓혀 갔다.

---

13) '고양이의 날'(이현, 2021, 창비청소년문학 50, 『파란 아이』 박숙경 엮음, 창비)의 132쪽, 133쪽, 146쪽의 단어들을 일부 활용하였다.

이런 경험이 학생의 성장에 미치는 영향은 실로 어마어마하다는 확신이 있었기에 천천히 생각하며 읽도록 지도했다.

궁금단어를 정리하는 과정을 개인 활동으로 진행할 수도 있지만, 모둠을 구성해서 진행하는 것도 좋다. 개인별로 찾고 싶은 단어를 4개씩 선택한 후, 친구들과 협의하여 모둠 대표 궁금단어로 모둠원 수만큼 정한다. 4인 모둠이면 대표 궁금단어를 4개 정하고, 3인 모둠이면 3개 정한다. 그리고 각자 1개씩 분담하여 조사하고 모둠 친구들과 공유하면 된다.

다음으로 소설의 구성 단계별로 발단, 전개, 위기, 절정, 결말을 제1장에서 제5장까지 나누어 학생들과 읽으면서 각 장의 내용과 관련 있는 핵심 단어를 한 개씩 골랐다. 그런 뒤 그 단어의 뜻, 예문, 유의어나 반의어, 그 단어가 쓰인 작품 속 문장, 그 단어를 활용하여 한 줄 문장을 창작하는 '나만의 단어장'을 큰 포스트잇에 정리하도록 했다. 생각보다 시간이 많이 소요되기는 했지만, 단어의 뜻만 아는 것에 그치는 것보다 다양한 측면에서 어휘력이 향상될 수 있기에 꾸준히 정리하여 작품에 부착하도록 했다.[14]

어휘력을 확장하려면 단순히 단어의 뜻만 이해하는 데서 그치면 안 된다. 그 단어가 쓰인 문장을 함께 살펴보는 연습과 더불어 앞뒤 문맥을 바탕으로 생각하는 연습을 병행해야 한다. 그래서 나만의 단어장을 만들 때는 반드시 예문이나 작품 속 본문의 문장을 살펴보도록 했다.

단어 찾기에 대한 교사 피드백은 학생들이 조사한 단어를 중심으로 수

---

14) 단편 소설은 소설의 구성 단계별로 제1장~제5장으로 구분하고, 각 장별로 함께 익히고 싶은 핵심 단어를 여러 개 제시한다. 각 장의 사건과 관련이 깊은 단어를 중심으로 하되, 학생들이 꼭 익히기를 바라는 단어를 고르기도 했다. 학생들은 이러한 이끎단어들 중에서 개인별로 1개씩 골라, '나만의 단어장'을 작성했다.

업 시간에 구두로 설명하거나 시범을 보이며 실시했다. 또 수업이 끝난 후 개별 학생들이 조사한 단어들의 메모를 살펴보며 쪽지로 붙여 두었다. 쪽지 피드백은 '나만의 단어장' 활동에서 교사가 중요하게 생각하는 것을 미리 작성해 두고, 해당하는 곳에 ○ 표시를 해서 돌려주는 형식을 취했다. 모르거나 궁금한 단어의 뜻과 유의어, 사전의 예문을 꼼꼼하게 정리했는지, 이 중에서 빠뜨린 항목이 있는지 살펴보며, 처음부터 단어의 뜻을 찾지 말고 글의 앞뒤 문맥을 통해 뜻을 추측한 후 정리하도록 강조했다.

학생이 빠뜨린 항목은 형광펜으로 표시해서 쪽지와 함께 돌려주었다. 그렇게 모르는 단어를 책에 메모한 곳이나 나만의 단어장을 정리한 부분에는 노란색 띠지를 붙여 나중에 찾아보기 편하게 했다.

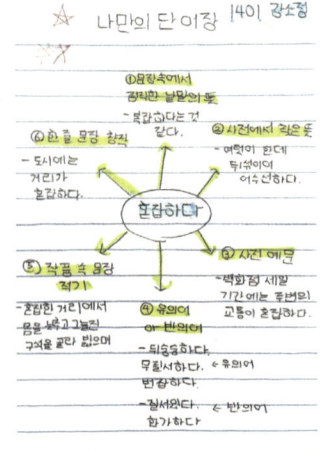

[나만의 단어장 학생 작성 사례]

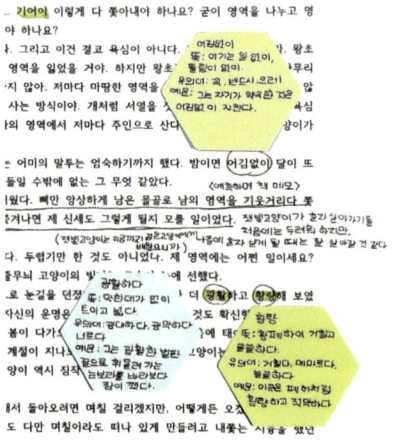

[궁금단어 학생 작성 사례][15]

---

15) '고양이의 낱'(이현, 2021, 창비청소년문학 50, 『파란 아이』, 박숙경 엮음, 창비)의 141쪽에 학생이 궁금단어를 찾아 책 메모한 사례이다.

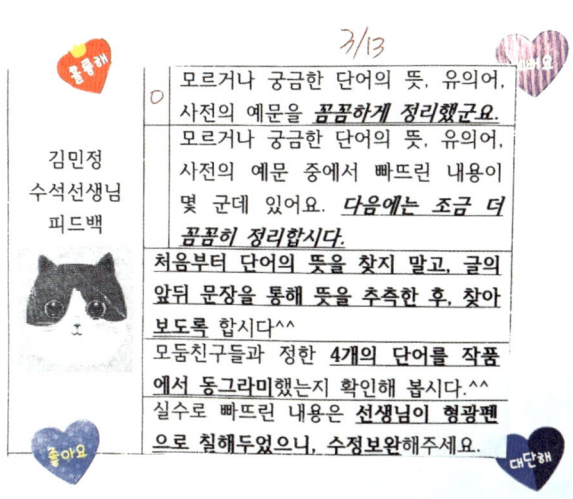

[교사의 쪽지 피드백]

단어를 익힌 후에는 모둠 내에서 '오늘의 단어 퀴즈' 활동이나 '나는 단어 설명 왕!' 활동도 실시했다.

'오늘의 단어 퀴즈'는 모둠원들이 돌아가며 친구들에게 단어를 설명하는데, 먼저 단어는 ○○으로 처리한 채, 그 단어를 활용하여 문장을 만든다. 예를 들어, '기민'이라는 단어를 활용하여 '우리 반 아이들은 급식을 먹기 위해 급식소를 향해 ○○하게 움직였다.'라는 단어 퀴즈를 낼 수 있다. 이때 모둠 친구들이 맞히지 못한다면, 그 단어의 유의어를 밝혀 "이 단어의 유의어는 '빠르다, 날쌔다'입니다."라고 말할 수 있다. 그때까지도 맞히는 친구가 없으면 이번에는 단어의 뜻을 알려 준다. 웬만해서는 이 단계까지 오지 않지만, 그때까지도 친구들이 고개를 갸우뚱거린다면 그 단어가 나오는 페이지를 알려 주거나 단어는 ○○ 처리하되, 작품 본문의 문장을 그대로 읽어 주는 형식으로 진행한다.

'나는 단어 설명 왕'은 각자 그날 익힌 단어 중에서 한 개 선택하고 모둠 친구들에게 친절하게 설명하는 활동이다. 단어가 사용된 문장의 본문을 그대로 읽어 주고, 자신이 추측한 단어의 뜻과 실제 뜻, 유의어나 반의어, 단어를 활용하여 만든 짧은 문장을 모둠원들이 잘 이해하도록 설명하는 형식이다. 이는 친구들에게 자신의 언어로 설명하면서 한 번 더 익힐 수 있고, 이해한 정도를 스스로 확인할 수 있는 좋은 방법이다.

셋.
인상적인 장면 책 메모

 [인상적인 장면 책 메모 작성 방법]
- 가장 흥미롭게 읽은 장면 찾아보기
- 가장 걱정되거나 조마조마했던 장면 찾아보기
- 오늘 읽은 내용에서 가장 기억에 남는 등장인물의 행동이나 말, 상황 찾아보기
- 자신이 고른 인상적인 장면이 있는 부분에 빨간색 밑줄을 긋고, 그 부분이 인상적인 이유를 책에 메모하기
- 인상적인 장면을 적은 곳에 빨간색 띠지 붙이기

 소설의 구성 단계별로 짝과 소리 내어 함께 읽고, 모르거나 궁금한 단어를 찾아 정리한 후에는 인상적인 장면을 찾아 책에 메모하도록 했다. 중학생의 경우, 인상적인 장면이라는 용어 자체를 어렵게 받아들이는 학생도 있다. 그래서 어떻게 설명하면 학생들이 쉽게 이해할지 고민하며 구체적으로 알려 주기 위해 노력했다.
 인상적인 장면을 어떻게 설명해야 학생들이 쉽게 이해할 수 있을까? '인상적'이라는 표현을 어떻게 풀어 주어야 할까? 이리저리 고민을 하다가 몇 가지 질문으로 바꾸면 학생들의 피부에 와닿을 것 같았다. 그래서 '가장 흥미롭게 읽은 장면이 어디인가?', '가장 걱정되거나 심장이 쿵! 하며

내려앉고 손에 땀을 쥐게 한 조마조마했던 장면이 어디인가?', '가장 마음에 와 닿거나 공감이 되는 장면이 어디인가?'로 풀어 주었다. 그리고 그 부분을 골라 빨간색으로 밑줄을 긋고, 고른 이유를 밑줄 친 근처 빈칸에 메모하도록 했다.

이와 같은 설명에도 헤매는 학생이 보이면 오늘 읽은 부분에서 가장 기억에 남는 등장인물이 누구인지 묻는다. 그 질문에 학생들은 이리저리 눈을 굴린다. 나는 그 순간을 놓치지 않고 다시 질문한다. '오늘 읽은 내용에서 가장 기억에 남는 등장인물이 했던 말이나 행동, 그 등장인물의 상황 중에서 마음에 남는 부분을 한 군데만 고른다면?' 이처럼 학생들의 눈높이에 맞는 단계별 질문에도 못 찾겠다거나 모르겠다고 반응하는 학생들은 거의 없었다.

학생들은 등장인물의 대사나 행동, 주요 사건이 있는 부분 등을 다시 살펴보며 밑줄을 긋고 자신의 생각을 정리하며 책에 적기 시작했다. 인상적인 이유를 적을 때는 단순히 '재미있어서, 좋아서' 등의 단편적인 답을 피하고, 자신의 경험을 떠올려 보거나 등장인물의 상황이나 사건과 관련지어 구체적으로 적도록 했다.

동일한 내용을 함께 읽었지만 각자 중요하게 생각하는 장면이 다르기에 모둠 내에서 친구들과 감상을 나누도록 했고, 이런 과정을 통해 개인별 슬로리딩 감상은 깊이 있게 스며들었다.

그런 후에는 인상적인 장면을 선택한 곳에 빨간색 띠지를 붙여 다른 활동과 구분하도록 했다. 또 학생들의 다양한 생각들을 모둠 내에서 공유한 것만으로는 아쉬워서 학급별 패들렛에 입력해서 누구나 살펴볼 수 있게 했다.

[학생 작성 사례]

구성 단계	인상적인 장면[16]	이유
제1장 (발단)	검은 고양이가 하얀 고양이를 덮치고 송곳니를 드러내며 공격하는 장면	검은 고양이가 하얀 고양이를 공격하는 이유가 궁금하고 검은 고양이의 의도가 무엇일지 생각하게 되어서이다.
제2장 (전개)	잿빛 고양이네 영역을 넘어 편의점 앞 2차선 도로 건너편 다른 고양이의 영역으로 검은 고양이가 하얀 고양이를 몰아내는 장면	갑자기 하얀 고양이를 몰아내는 어미 고양이의 심리가 궁금하고 하얀 고양이가 다른 영역으로 들어가게 된다면 큰일이 생기기 때문이다.
제3장 (위기)	아기 고양이일 때, 왕초 고양이가 컨테이너 지붕에서 떨어뜨렸던 노란 고양이가 놀이터의 주인으로 당당히 성장한 장면	노란 고양이는 과거에 컨테이너에서 뛰어내리지 못했다는 이유로 왕초에 의해 바닥으로 밀려 떨어졌다. 그럼에도 좌절하거나 나쁜 길로 빠지지 않고 자신만의 영역을 만든 것이 정말 대단하다고 생각했고, 나도 노란 고양이를 닮고 싶어서이다.
제4장 (절정)	잿빛 고양이가 처음으로 높은 나무 위로 올라가서 고양이의 눈을 어미로부터 배우고, 세상을 보던 장면	잿빛 고양이가 지금까지 한 번도 올라가 보지 못한 나무를 스스로 조심스럽게 올라간 후, 높은 나무 위에서 세상의 풍경을 한눈에 내려다봤을 때가 감동적이었고, 검은 고양이가 잿빛 고양이에게 고양이의 눈을 알려 주려고 모든 것을 계획했다는 점이 놀라워서이다.
	냉정하게만 보였던 검은 고양이가 자신이 떠나겠다고 말하며 잿빛 고양이를 혀로 핥아 준 장면	잿빛 고양이를 쫓아내는 줄 알았던 어미가 떠난다는 모습이 반전이어서 무척 놀랍고 한편으로는 슬퍼서이다.
제5장 (결말)	잿빛 고양이가 스스로 어제를 '고양이의 날'이라고 이름 짓고 부른 장면	다른 이가 아니라, 자기 스스로 처음으로 두려움을 떨치고 도전한 날을 이름 지은 것이 인상적이고, 성장의 의미를 잿빛 고양이가 잘 아는 것 같아 기특해서이다.

---

[16] '고양이의 날'(이현, 2021, 창비청소년문학 50, 『파란 아이』, 박숙경 엮음, 창비)을 읽고, 인상적인 장면으로 학생들이 선택한 장면은 작품의 122쪽, 129쪽, 134쪽, 139쪽, 142쪽, 146쪽의 일부 내용에 해당한다.

넷.
궁금 궁금 질문을 잡아라 책 메모

 [궁금 궁금 질문을 잡아라 책 메모 작성 방법]
- 오늘 읽은 내용에서 가장 기억에 남는 등장인물 떠올려 보기
- 그 등장인물과 관련된 사건이나 상황 중에서 궁금한 부분을 골라 밑줄 긋기
- 밑줄 그은 문장 앞에 '왜~ '를 넣어 '왜 ○○○은 ~ 했을까?'와 같이 질문하고 메모하기
- '나라면~ '을 넣어 궁금한 사건이나 등장인물의 말, 행동과 관련하여 질문하고 메모하기

학생들에게 소설을 읽으면서 궁금한 것을 질문으로 만들어 보자고 하면 '딱히 궁금한 게 없는데요?'라는 답이 돌아오거나 '뭘, 어떻게 질문해야 하는데요?'라고 되묻는 일이 많다. 그래서 학생들이 쉽게 이해하도록 교사의 시범과 구체적인 안내가 필요하다.

수업 시간에 질문을 만들며 슬로리딩하는 이유는 학생들이 천천히 깊게 읽으며 생각하는 힘을 기르도록 하기 위해서이다. 그래서 독서 퀴즈와 같이 작품 속에 답이 분명히 나오는 내용 확인 질문은 피하도록 했다.

작품을 깊이 있게 감상하려면 등장인물을 살펴보면서 이리저리, 요모조모 생각하는 시간이 필요하다. 소설의 경우, 중심 사건 파악과 함께 등장인물에 대해 깊이 고민해 볼 필요가 있다. 그래서 등장인물의 말과 행동, 등장인물과 관련된 사건과 상황을 중심으로 학생들에게 구체적으로 질문하도록 했다.

우선 '오늘 읽은 내용의 사건과 상황에 대해 이해가 안 되는 것은 뭘까?', '등장인물이 왜 그런 말과 행동을 했을까?' 등의 질문을 하도록 했다. 이렇게 안내를 해도 어려워하는 학생들에게는 오늘 읽은 내용에서 기억에 남는 등장인물을 한 명 고르고, 그 등장인물이 한 말과 행동들 중에서 한 군데를 선택한 후, 그 부분에 밑줄을 긋고 '왜'로 시작하는 질문을 만들도록 했다.

예를 들면, 'A는 B를 향해 소리를 질렀다.'라는 문장에 밑줄을 긋고 '왜 A는 B를 향해 소리를 질렀을까?'라는 질문으로 시범 보였다. 그렇게 했더니 '나무에 오르는 것은 위험하다고 생각한 하얀 고양이는 어린 잿빛 고양이가 높은 나무 위로 올라가는 것을 보고 어떤 생각을 했을까?', '왜 다른 고양이들은 왕초 고양이의 영역에 들어가지 않았을까?', '이전보다 차갑게 대하는 검은 고양이를 잿빛 고양이는 어떻게 생각할까?' 등의 의미 있는 질문을 하기 시작했다.

【'왜' 질문】이 익숙해지면 한 단계 더 나아가 【'나라면' 질문】을 하도록 했다. 그래서 '나라면 잿빛 고양이처럼 높은 나무 위에 올라갔을까?', '나라면 엄마와 헤어지는 상황에서 어떤 말을 했을까?' 등의 질문을 발표하기 시작했다.

'궁금 궁금 질문을 잡아라' 활동은 포스트잇을 개인별로 한 장씩 나누어 주고 질문과 자신의 생각을 적게 한 후 질문과 관련된 장면에 붙여도 좋다. 모둠 내 친구들과 질문을 서로 교환하는 '궁금질문 선물하기' 활동도 가능하다. 작은 포스트잇에 자신의 궁금 질문을 모둠원 수만큼 작성하고 친구들과 서로 주고받는 형식이다.

교사의 피드백은 학생들이 만든 궁금 질문을 살펴보며 수업 시간에 구두로 하거나 수업이 끝난 후 작성한 질문들을 살펴보며 쪽지로 붙여 두었다. 쪽지 피드백은 '궁금 궁금 질문을 잡아라' 활동에서 교사가 중요하게 생각하는 것을 미리 작성해 두고, 학생들의 질문이 어느 항목에 해당하는지 검토한 후, ○ 표시를 해서 돌려주는 형식을 취했다.

궁금 질문 피드백은 사건이나 상황과 관련하여 궁금한 내용을 질문으로 만들었는지, 등장인물의 말이나 행동에 대해 궁금한 것을 질문으로 만들었는지, 작품을 잘 이해할 수 있는 질문을 만들었는지를 중심으로 실시했다. 특히 책 속에 답이 바로 보이는 질문보다 다양한 생각을 할 수 있는 질문을 통해 생각하는 힘을 기르는 것이 중요함을 강조했다. 이와 같은 '궁금 궁금 질문을 잡아라' 활동은 다른 활동과 구분하기 위해 초록색 띠지를 붙이도록 했다.

[학생 작성 사례]

구성 단계	질문[17]
제3장 (위기)	• 왜 다른 고양이들은 왕초의 영역에 기웃거리지 못했을까? • 내가 만약 하얀 고양이라면 검은 고양이가 쫓아낼 때 쉽게 포기하고 쫓겨났을까? • 왕초 고양이는 왜 컨테이너 지붕에 납작 엎드려 와들와들 떠는 새끼를 바닥으로 밀어냈을까? • 하얀 고양이가 떠난다고 했는데도 검은 고양이는 왜 계속 하얀 고양이를 왕초의 영역으로 몰았을까?

---

17) '고양이의 날'(이현, 2021, 창비청소년문학 50, 『파란 아이』 박숙경 엮음, 창비)의 구성 단계별로 129쪽~135쪽, 135쪽~143쪽, 143쪽~146쪽의 내용을 읽고, 학생들이 질문한 것이다.

	• 노란 고양이는 어렸을 때 엄마가 컨테이너 박스에서 자신을 밀었는데도 어떻게 엄마에게 적대적인 감정을 갖지 않을까? • 왜 하얀 고양이는 왕초를 보고서 공포에 질린 울음을 토해 내며 검은 고양이에게 애원했을까? • 왕초 고양이는 어떻게 그 많은 영역을 혼자 차지하고 있을까? • 왜 검은 고양이는 잿빛 고양이가 서럽게 울부짖어도 신경 쓰지 않았을까?
제4장 (절정)	• 나라면 잿빛 고양이처럼 나무 위에 올라갈 수 있을까? • 꼭 고양이의 눈을 가져야만 진정한 고양이일까? • 잿빛 고양이는 나무 위에 스스로의 힘으로 올라갔지만, 하얀 고양이는 왜 올라가지 못했을까? • 내가 잿빛 고양이라면, 사회에서 맞는 어려움을 어떻게 이겨 내며 살아갈 수 있을까? • 만약 내가 어미 고양이라면, 독립을 위해 자식을 위험에 빠뜨릴 수 있을까? • 어미 고양이는 왜 왕초를 이용하여 새끼에게 고양이의 눈을 알려 주려고 했을까? • 잿빛 고양이를 두고 가는 어미 고양이의 마음은 어땠을까? • 검은 고양이처럼 용기를 가지는 것과 하얀 고양이처럼 안전하게 사는 것 중에서 무엇이 더 중요할까?
제5장 (결말)	• 왜 어미 고양이는 눈 오는 날을 좋을 때라고 말했을까? • 어미 고양이가 결국 잿빛 고양이와 이별한 후, 자신의 길을 걸어갈 때 어떤 기분이었을까? • 보통 고양이들은 눈을 싫어하는데 왜 어미 고양이는 눈을 좋아할까? • 잿빛 고양이가 여린 울음을 울었을 때 어미 고양이는 어떤 심정이었을까? • 떠나간 어미 고양이의 발자국을 바라보는 잿빛 고양이의 심정은 어땠을까? • 잿빛 고양이가 앞으로 더 성장하려면 어떤 도전이 필요할까?

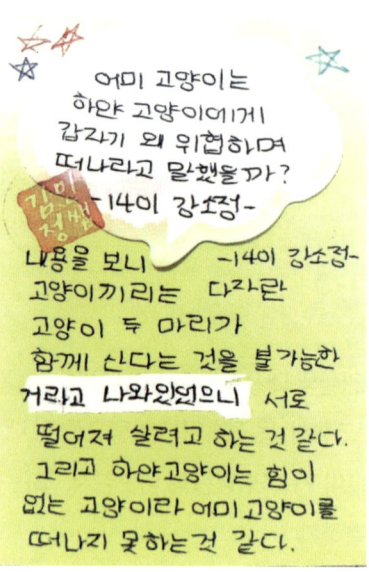

[궁금 궁금 질문을 잡아라 학생 작성 사례[18] 및 교사의 쪽지 피드백]

---

18) '고양이의 날'(이현, 2021, 창비청소년문학 50, 『파란 아이』 박숙경 엮음, 창비)의 128쪽~129쪽을 학생이 읽고, 궁금 질문을 만든 사례이다.

다섯.
예측하며 책 메모

 [예측하며 책 메모 작성 방법]
- 단어, 문장, 등장인물의 대사를 보며 뒤 내용 예측하기
- '하지만, 그러나, 그래서' 등 접속어를 바탕으로 뒤 내용 예측하기
- 작품의 어느 부분이 자신의 경험과 비슷한지, 또는 공감하게 되었는지 찾고 뒤 내용 예측하기

 몰입하여 소설을 읽는 방법 중 하나는 등장인물의 말이나 행동, 주인공을 둘러싼 중심 사건이나 상황을 바탕으로 앞으로 벌어진 일을 예측하거나 등장인물의 심리를 추측해 보는 것이다. 즉 독자는 작품을 통해 현재의 상황에만 머물지 않고 그 뒤에 이어질 이야기들을 상상하며 등장인물의 선택에 공감하기도 하고 안타까워 한숨을 내쉬기도 한다.
 이처럼 예측하며 읽는 과정은 독자로 하여금 등장인물과 중심 사건에 집중하게 한다. 그러므로 예측하며 책 메모 활동을 적절히 활용하면 학생들의 독해력뿐만 아니라 상상력과 독서에 대한 흥미까지 모두 잡을 수 있다.
 장편소설이라면 본격적인 작품 감상에 앞서 책 표지와 제목, 작품 속에 등장하는 삽화 등을 통해 예측하며 읽기를 시작할 수 있다. 책 표지 색깔부터 제목의 글자 모양과 색깔, 표지의 그림, 앞표지와 뒤표지에 깨알같이 적힌 추천의 글이나 책에 대한 간략한 정보까지 이리저리 살피며 예측할

수 있다.

'고양이의 날'은 여러 단편 소설들을 묶은 소설집에 실린 작품이어서 책 표지를 통한 예측하기는 어려웠지만, 제목을 통해 등장인물들이 고양이들일 것이며, 고양이들의 영역 다툼이 나오거나, 길고양이의 고단한 일상이 나올 거라는 학생들의 예측이 있었다. 또는 누군가가 기르던 고양이를 잃어버려서 생긴 사건들이 나올 것이며, 끝내 찾지 못한 그 고양이를 기념하는 이야기가 아닐까 하는 추측도 있었다.

학생들의 의견을 바탕으로 어떤 등장인물이 나올지, 작가는 왜 이런 제목을 지었을지, 어떤 사건들이 펼쳐질지 함께 예측하는 과정만으로도 학생들은 책 읽는 재미를 느낄 수 있다.

작품을 본격적으로 읽을 때는 뒤에 나올 사건을 예측하는 데 도움을 준 단어, 문장, 대사가 무엇인지, 뒷부분을 예측하게 한 접속어 '그러나, 하지만, 그래서' 등이 있는지, 자신의 경험과 배경지식으로 예측한 것은 무엇인지 학생들에게 질문하고 그 부분을 찾아 각자 책에 밑줄을 긋고 예측한 내용을 적도록 했다. 다양하게 예측하고 메모하는 활동이 마무리되면 파란색 띠지를 메모한 곳에 붙여서 다른 활동과 구분하고 찾기 쉽도록 했다.

여섯.
중심 사건 두 줄 요약하고 개성 만점 제목 짓기

 [중심 사건 두 줄 요약하기]
- 오늘 읽은 내용 훑어보기
- 오늘의 중요 사건과 관련된 부분에 밑줄 긋기
- '누가, 언제, 어디서, 무엇을, 왜, 어떻게'의 육하원칙을 중심으로 간추려 보기
- 사건의 순서나 과정, 인과관계를 생각하며 두 줄로 요약하기

[개성 만점 내 맘대로 제목 짓기]
- 중심 사건 두 줄 요약한 내용 살펴보기
- 밑줄 그은 중심 사건 살펴보기
- 어떤 소제목이 중심 사건을 잘 드러낼지 생각해 보기

장편 소설의 경우, 학생들과 그날 함께 읽은 부분의 마지막 쪽에 두 개의 포스트잇을 배부하여 하나는 중심 사건을 정리하고, 또 다른 하나는 소제목을 짓고 그렇게 지은 이유를 메모하도록 했다. 특히 소제목을 적는 포스트잇은 꽃 모양으로 통일하여 다른 활동과 구분했다.

'고양이의 날'은 단편 소설이어서 발단, 전개, 위기, 질정, 결말 등 소설의 구성 단계별로 제1장부터 제5장까지 구분한 후, 각 장별 작품 감상이

끝날 때마다 슬로리딩 기본 활동을 하면서 중심 사건 요약과 소제목을 짓는 형식으로 진행할 수 있다. 또는 전체 작품을 슬로리딩한 후에 마무리하는 차원으로 처음부터 다시 훑어보며 중심 사건을 정리하고 각 장별로 소제목을 지을 수도 있다.

나는 후자의 방법을 선택했다. 소설의 구성 단계별로 구분된 단편 소설이어서【작품 전체 훑어 읽기 → 천천히 깊게 슬로리딩 → 갈무리 읽기】에 적합하다고 생각했기 때문이다.

소설을 요약하려면 먼저 중심 사건을 이해해야 한다. 소설의 중심 사건을 요약하는 데는 육하원칙이 적합하다. 그래서 누가, 언제, 어디서, 무엇을, 왜, 어떻게 했는지 함께 찾기 시작했다. 어떤 사건들이 있었는지, 그 사건들의 순서, 과정, 인과관계 등은 어떠했는지 학생들에게 질문하며 살펴보도록 했다.

교사가 제시한 질문들을 바탕으로 개인별로 중심 사건에 밑줄을 긋고, 그 내용을 참고하여 포스트잇에 두 줄 정도의 중심 사건을 요약했다. 이렇게 요약한 내용을 살펴보며 각자 제○장의 중심 사건은 무엇이라고 생각하는지, 그 사건을 보면서 어떤 생각을 했는지 등을 질문했다. 그리고 자신이 작가라면 소제목을 어떻게 짓고 싶은지 물었다. 이렇게 각자 개성을 담아 만든 소제목은 꽃모양 포스트잇에 적고, 그렇게 지은 이유를 구체적으로 밝히도록 했다.

중심 사건을 요약하는 과정은 짝 활동이나 모둠 활동으로 진행해도 좋고, 개별적으로 각자 작가가 되어 소제목을 짓는 방식도 좋았다.

소제목을 지으려면 본문을 다시 꼼꼼히 살펴야 한다. 읽은 부분을 다시 되짚어 가며 중심 내용을 가장 잘 드러낼 수 있는 소제목으로 창작해야 한다. 그래서 '개성 만점 내 맘대로 제목 짓기' 활동은 종합적인 사고력이 필요하다. 이렇게 '중심 사건 두 줄 요약하기'와 '개성 만점 제목 짓기'는 책 메모 슬로리딩 기본 활동의 마무리 활동으로 실시했다. 그리고 이 활동을 기록한 부분에는 주황색 띠지를 붙여 다른 활동과 구분했다.

[학생 작성 사례]

	개성 만점 내 맘대로 제목[19]	이유
제1장 (발단)	세 마리 길고양이들의 첫 발걸음	이제 세 마리의 길고양이들과 관련된 사건과 내용이 펼쳐지고 시작하니까
	모두가 등장, 아빠만 퇴장?	이제 막 이야기가 시작되었지만 검은 고양이와 하얀 고양이의 관계를 보아 아빠인 하얀 고양이가 퇴장할 것처럼 보여서
	길고양이들의 일상	제1장에는 중요한 사건은 별로 없이 등장인물인 길고양이들의 평범한 하루를 보여 주고 있어서
제2장 (전개)	검은 고양이의 이상한 행동	검은 고양이가 자꾸 하얀 고양이를 이유 없이 내쫓기 때문에
	고양이 가족들의 욕심과 비밀	검은 고양이가 자신의 영역을 지키기 위해 계속 다른 고양이의 영역으로 밀어낸다는 것이 사람의 욕심과 비슷해 보여서
	지나간 과거와 분열	검은 고양이와 하얀 고양이의 과거와 함께 검은 고양이가 하얀 고양이를 밀어내는 장면이 주요 내용이어서
	고양이를 위한 하루와 달라진 엄마	설 연휴 기간이라 사람들이 보이지 않아서 잿빛 고양이는 자신을 위한 날이라고 생각한 부분이 좋았고, 엄마가 아빠를 자꾸 쫓아내려는 모습이 갈등의 시작을 나타내므로

---

19) '고양이의 날'(이현, 2021, 창비청소년문학 50, 『파란 아이』 박숙경 엮음, 창비)의 구성 단계별로 119쪽~122쪽, 123쪽~129쪽, 129쪽~135쪽, 135쪽~143쪽, 143쪽~146쪽을 읽고, 학생들이 소제목을 지은 것이다.

제3장 (위기)	고양이들의 치열한 추격전		세 마리의 고양이들과 왕초 고양이가 서로 치열하게 추격전을 벌였기 때문에
	고양이들의 서열		왕초 고양이의 힘과 권력이 정말 강하고 이런 일들이 사람들에게도 일어날 것 같아서
	왕초 고양이와의 추격전		세 마리의 고양이가 왕초 고양이의 영역을 침범했고, 왕초 고양이가 세 고양이를 추격하는 장면이 나와서
	세 고양이들의 주거침입에 대한 최후		하얀 고양이, 검은 고양이, 잿빛 고양이가 함부로 다른 영역에 들어가서 왕초 고양이에게 쫓기는 고생을 했기 때문에
제4장 (절정)	잿빛 고양이의 눈		잿빛 고양이가 나무에 오르고 성공하면서 결국 고양이의 눈을 가지게 되어서
	새로운 경험, 용기		잿빛 고양이에게 나무에 오른 경험은 처음이고 새로움이며 용기가 필요한 일이어서
	어미 고양이의 가르침		잿빛 고양이가 나무를 타고 오르는 것이 부족해도 무서워하지 않도록 천천히 기다려 준 어미 고양이의 가르침 덕분에 결국 잿빛 고양이가 한 단계 성장하게 되어서
	성장 후, 얻은 것과 이별		잿빛 고양이가 한 번도 올라가 보지 못했던 나무를 오르고 고양이의 눈을 얻었지만, 그 후 결국 어미 고양이와 이별하게 되어서
	어미가 알려 주고 싶었던 '고양이의 눈'		검은 고양이가 잿빛 고양이에게 마지막으로 '고양이의 눈'을 알려 주고 싶어 했기 때문에
	잿빛 고양이의 새로운 날의 시작		잿빛 고양이가 엄마와 헤어졌지만, 고양이의 눈을 배우고 스스로 독립할 수 있는 힘을 가지며 새로운 날을 살아갈 것 같아서
	위기를 기회로 바꾸다		잿빛 고양이가 왕초 고양이에게 당할 뻔한 위기를 넘겨서 오히려 성장의 기회로 삼았기 때문에
제5장 (결말)	고양이들의 이별, 새로운 시작		고양이들이 이제 이별을 맞이하고, 모두가 새로운 시작을 하게 되었으므로
	고양이들의 아름다운 헤어짐		어미 고양이와 함께 같이 남을 수도 있었지만, 독립을 선택한 잿빛 고양이의 용기가 정말 아름답고 멋져서

	고양이의 날, 그리고 성장	많은 일이 있었던 어제, 고양이의 날이 지나고 새로운 날로 나아가는 '성장'의 모습이 담겨 있어서
	이별, 그리고 또 다른 시작	잿빛 고양이와 엄마가 이별을 했고, 동시에 또 다른 날들이 시작되므로
	눈에 의해 가려진 울음	배경이 눈이 오는 날이기도 하고 어미와 헤어지는 잿빛 고양이의 '여린 울음'이라는 표현이 나와서

[수업 흐름도 1]

활동명	'고양이의 날' 제○장 책 메모 슬로리딩[20]
활동 목표	천천히 깊게 슬로리딩하면서 등장인물의 상황과 주요 사건을 이해한다.
성취기준	[9국02-08] 도서관이나 인터넷에서 관련 자료를 찾아 참고하면서 한 편의 글을 읽는다. [9국05-10] 인간의 성장을 다룬 작품을 읽으며 삶을 성찰하는 태도를 지닌다.
수업 의도	• 학생들의 기초 문해력이 갈수록 저하되고 있는 현실을 보며 작품을 제대로 감상하는 수업을 나의 교실 속에서 실천하고 싶다. 빠르게 읽고 금세 잊어버리는 독서 습관으로는 문해력을 기를 수 없기에 천천히 공들여 가며 제대로 읽는 경험이 꼭 필요하다. 그래서 천천히 몰입하며 읽는 독서 경험을 위해 책 메모 슬로리딩을 구상했다. • 학생들은 작품에 자신이 모르거나 궁금한 낱말, 인상적인 장면, 궁금한 질문을 떠올리면서 생각을 정리한다. 또 자신의 배움과 기록을 찾아보기 쉽도록 띠지로 구분된 포스트잇을 활용하여 색깔별로 구분해 붙여 둔다. • 수업자는 이러한 과정을 통해 한 권의 책을 제대로 읽는 것은 독서 활동을 넘어 자기 주도 학습 방법을 익히는 기회가 되도록 설계했다. 천천히 곱씹으며 다시 읽고 문맥의 흐름을 생각하면서 문해력을 길러 가는 배움의 경험을 책 메모 슬로리딩을 통해 길렀으면 한다.

---

20) '고양이의 날'의 제1장~제5장까지 각 장별은 대체로 이 수업 흐름도를 바탕으로 하되, 각 장별 특성에 따라 일부 활동을 선택하거나 순서를 조정하여 진행했다. 예를 들면, 제1장은 발단의 특성에 맞게 작품의 배경과 등장인물 정도만 파악하면서 '궁금단어 찾기'와 '궁금 궁금 질문을 잡아라'만 실시할 수도 있다.

	수업의 흐름
소리 내어 함께 읽기	• 오늘의 작품('고양이의 날' 제○장)을 친구들과 소리 내어 함께 읽기 • 읽으면서 모르거나 궁금한 단어는 형광펜으로 표시하기
궁금단어 정리	• 오늘 읽은 내용에서 개인별로 궁금한 단어 4개씩 선택하기 • 모둠원 수만큼 공통의 궁금단어 선택하기(4인 모둠은 4개, 3인 모둠은 3개) • 1인 1단어 역할 배분하기 • 포스트잇에 각자 맡은 '궁금단어' 정리하기(뜻, 유의어, 예문) • 개인별 포스트잇을 돌려가며 친구들이 정리한 단어를 본문 또는 포스트잇에 정리하기 ※ 개인별 궁금단어 조사는 1개, 단어 정보는 총 4개 습득 가능(개인별 책에 정리)
나만의 단어장	• '고양이의 날' 제○장에서 꼭 알고 넘어갈 '이끎단어'를 학생들과 함께 선정하기 • 이끎단어 중에서 개인별로 1개 선택하여 나만의 단어장 작성하기 • 단어의 뜻, 사전의 예문, 유의어나 반의어, 본문 속 문장, 한 줄 문장 창작 작성하기
인상적인 장면 책 메모	• 가장 인상적인 장면을 찾아 책에 빨간 밑줄 긋기 • 인상적인 장면으로 선택한 이유를 작품에 구체적으로 메모하기
궁금 궁금 질문을 잡아라 책 메모	• 사건이나 상황, 등장인물의 말, 행동과 관련하여 궁금한 내용을 궁금질문으로 작성하기 • 궁금질문에 대한 자신의 의견 작성하기
예측하며 책 메모	• 작품의 단어나 문장, 등장인물의 대사 등을 바탕으로 뒤 내용을 예측하며 메모하기 • 접속어나 배경지식을 바탕으로 뒤 내용을 예측하며 메모하기
중심사건 두 줄 요약하기	• 중심 사건과 관련된 내용에 밑줄 긋기 • 밑줄 그은 내용을 바탕으로 육하원칙으로 주요 내용 정리하기
개성만점 내 맘 대로 제목달기	• 중심 사건 정리한 내용 훑어보기 • 중심 사건이 잘 드러나는 소제목을 각 장별로 짓기
배움 공유	• 모둠 내 공유 및 발표 • 모둠 내 개인 포트폴리오 돌려보기 • 교사 개별 피드백

[탐구]

슬로리딩 샛길 탐구를 떠나다

하나.
호기심 찾아 쉬엄쉬엄, 단어 탐구 샛길 활동

 슬로리딩의 중요한 핵심 줄기에는 샛길 활동이 있다. 샛길 활동은 작품 속에만 한정되지 않고, 작품에 나오는 소재, 장면, 주제 등과 관련이 있다면, 생활 속 다양한 영역에 보물처럼 감춰져 있다. 학생들이 어느 정도 책 메모 슬로리딩에 익숙해지면 작품과 관련된 알고 싶은 내용을 실제로 조사해 보거나 체험하는 형태로 진행할 수 있다.

 예를 들어, 김유정의 '동백꽃'을 감상하다가 일제 강점기의 토지 문서인 배재와 현재 토지임대계약서의 차이점이 궁금해서 파악해 보거나, 고추장을 먹고 힘을 낸 닭을 보며 고추장의 성분을 찾고, '갓 구운 봄 감자'를 실제로 먹어 보는 등의 체험 및 탐구 활동으로 구성할 수 있다.

 이런 샛길 활동을 통해 작품에 반영된 시대적 특성이나 사회, 문화, 경제, 정치 등 다양한 분야에 걸쳐 지식의 확장을 경험하기도 한다. 그리고 활동이 마무리될 때마다 학생 상호 피드백을 통해 각자 다른 생각과 정보를 나누는 기회를 갖는다.

 '고양이의 날'에는 길고양이들의 영역이 나온다. 어미의 품을 떠나 독립을 하게 되면 자신만의 영역을 만들며 저마다 주인으로 살아가는 삶을 강조한다. 검은 고양이는 잿빛 고양이가 자신의 영역에서 주인으로 잘 살아가도록 건강하게 독립시키려고 한다. 그 과정은 '영역'으로 인한 갈등 상황과 연결되어 있다. 길고양이들에게 영역은 삶의 터전이자 생존이며 권력과 자존심이다.

　이러한 영역은 동물만이 아니라, 사람에게도 매우 중요하다. 이제 겨우 열네 살에 불과한 어린 중학생들이지만, '이것만은 내 힘으로 꼭 지키고 싶다.'라고 다짐할 만한 '나만의 영역'을 고민하고 탐색하는 것은 자신에게 무엇이 중요한지 알아 가는 좋은 배움이 된다. 이와 같은 생각을 담은 활동이 '영역' 단어 탐구 샛길 활동이다.

　이 활동은 개인별 스크랩북의 두 쪽에 걸쳐 '단어 탐구 샛길 활동'과 '성장 가득 샛길 활동'으로 진행했다.

　첫 번째 '단어 탐구 샛길 활동'은 '영역'에 대해 다양한 측면에서 생각하는 시간으로 구성했다.

　'영역'을 중심으로 뜻을 찾아 '한 나라의 주권이 미치는 범위로 영토, 영해, 영공', '활동, 기능, 효과, 관심 따위가 미치는 일정한 범위'로 적고, 유의어로 '공간, 관계, 무대'를 메모했다.[21]

　그리고 '고양이에게 영역이란?' 어떤 의미일지 함께 생각하며 '삶의 터전', '살아가는 안전한 공간', '자신이 지배하는 곳', '권력', '자존심', '생존', '가치 있고 중요하며 소중한 것'으로 정리했다.

　다음으로 '영역'과 관련된 궁금한 내용을 '관련 정보 조사'라는 이름으로 정리해 보도록 했다. 학생들이 '영역'이라는 단어와 관련하여 궁금한 것으로는 단순히 '영역'이라는 단어가 들어가는 경우도 있었고, '영역 동물의 종류, 고양이나 강아지가 자신의 영역 지키는 방법' 등 '영역 동물'과 관련된 정보도 있었다. '오케스트라의 영역, 미술의 영역'과 같이 자신의 취미

---

21) '영역(領域)'의 뜻과 유의어는 네이버 국어사전에서 제공하는 정보를 활용하였다.

를 하나의 영역으로 지정하고 세부적인 내용을 정리하거나 '혀의 영역, 수능 언어 영역'과 같이 궁금한 내용을 조사하는 학생도 있었다. '독도가 한국의 영역이라는 증거'와 같이 역사, 사회적 측면과 연계한 조사도 의미 있었다.

두 번째 '성장 가득 샛길 활동'은 고양이에게 영역이 어떤 의미인지 함께 생각한 내용 중 '가치 있고 중요하며 소중한 것'이라는 의견을 학생들의 삶과 연계한 것이다. 이 활동은 '나만의 영역 소개하기'를 중심으로 이루어진다.

중심 활동인 '나만의 영역'을 가운데 쓰고, 중요하거나 꼭 갖고 싶은 나의 영역은 무엇인지, 그 영역이 자신에게 중요한 이유도 곰곰이 생각해 보는 시간을 가졌다. 그리고 그 영역과 관련된 사건이나 경험은 무엇이 있는지, 그 영역과 관련지어 더욱 성장하기 위해 필요한 실천에는 무엇이 있을지 살펴보도록 했다.

학생들이 주로 중요하게 생각하는 자신의 영역은 가정에서의 공간, 취미나 진로, 특기와 관련된 것이 많았다. 예를 들면, '내 방 침대, 소파, 바리스타, 태권도, 미술, 오케스트라 연주, 내 방 덕질 존, 책상 서랍 속 비밀 상자, 장래 희망과 꿈' 등이다. 학생들에게 중요한 영역은 단순히 공간에 머물지 않고 개인적 경험과 관련된 정서적 특징과도 연관 있었다.

이와 같이 '고양이의 날'을 읽으면서 '영역'을 단순히 작품 속 중심 사건, 등장인물의 상황에만 머물러 생각하는데 그치지 않고, 샛길로 빠져 다각도로 탐색한 후 자신의 삶과 연계하며 내면화하는 과정은 작품에 더욱 몰입하게 하고, 다양하게 사고하도록 한다.

[학생 작성 사례]

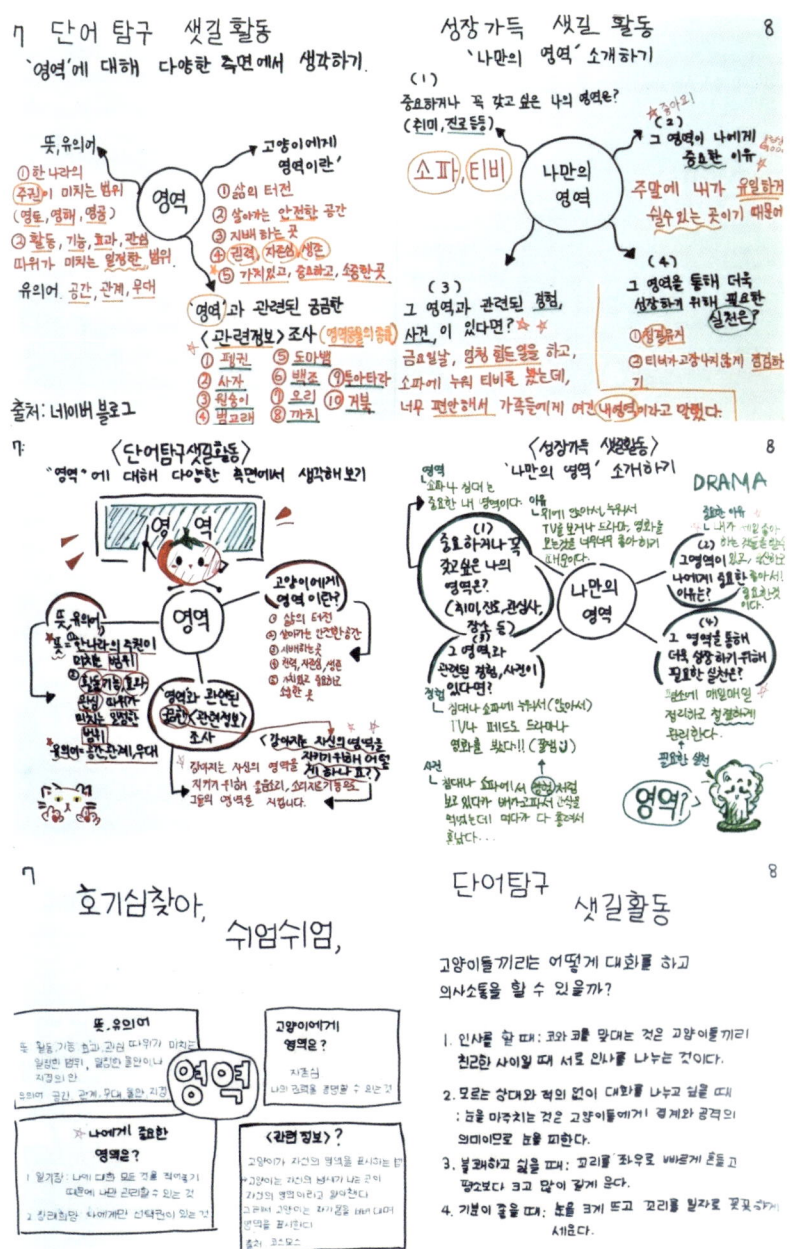

[탐구] 슬로리딩 샛길 탐구를 떠나다

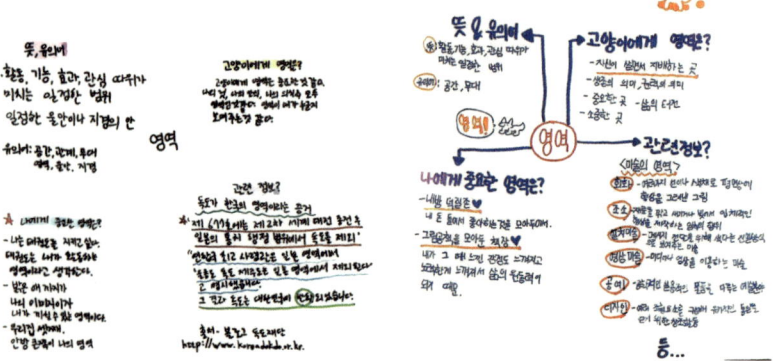

[수업 흐름도 2]

활동명	호기심 찾아 쉬엄쉬엄, 단어 탐구 샛길 활동
활동 목표	작품의 주요 사건과 관련된 단어 '영역'에 대해 다양한 자료를 바탕으로 조사하고 탐구하며 작품을 깊이 이해한다.
성취기준	[9국02-08] 도서관이나 인터넷에서 관련 자료를 찾아 참고하면서 한 편의 글을 읽는다. [9국05-10] 인간의 성장을 다룬 작품을 읽으며 삶을 성찰하는 태도를 지닌다.
수업 의도	• '고양이의 날'의 제1장~제3장에 나오는 등장인물들의 상황이나 주요 사건은 '영역'과 밀접한 관련이 있다. 고양이들에게 '영역'은 어떤 의미인지, 학생 자신에게는 어떤 중요한 영역이 있는지, '영역'이라는 단어와 관련하여 탐구해 볼 정보는 무엇이 있을지 깊이 생각하면서 작품을 다시 이해할 기회를 주고 싶었다. 단순히 읽고 스치는 것이 아니라, 호기심을 갖고 하나의 중요 키워드도 확장하며 생각하고 조사해 보면서 천천히 깊게 읽는 몰입의 경험을 또 다른 방법으로 깨닫도록 하고 싶었다.
수업의 흐름	
주요 내용 정리하기	• '고양이의 날' 제1장~제3장의 주요 내용 함께 말하기 • 등장인물들의 갈등 상황을 '영역'과 관련지어 생각해 보기

등장인물들에게 영역은 어떤 의미인지 생각해보기	• 검은 고양이가 하얀 고양이를 영역 밖으로 몰아낸 이유 생각해 보기 • 길 건너편 왕초 고양이가 검은 고양이, 하얀 고양이, 잿빛 줄무늬 고양이를 영역의 침입자로 생각한 이유 생각해 보기
단어 탐구 샛길 활동	• '영역'의 뜻과 유의어 정리하기 • 고양이에게 '영역'은 어떤 의미일지 생각해 보기 • '영역'과 관련된 샛길탐구 조사한 내용 정리하기
성장 가득 샛길 활동	• 자신에게 중요하거나 갖고 싶은 영역 생각해 보기 • 그 영역이 자신에게 중요한 이유 생각해 보기 • 그 영역과 관련된 경험, 사건 떠올리기 • 그 영역을 통해 더욱 성장하기 위해 자신이 해야 할 일 정하기
배움 공유	• 모둠 내 공유 및 발표 • 모둠 내 개인 스크랩북 돌려보기 • 교사 개별 피드백

[탐구] 슬로리딩 샛길 탐구를 떠나다

둘.
장면 묘사 그림으로 표현하기

  소설을 읽다 보면 등장인물의 얼굴이나 표정, 사건이 펼쳐질 배경이 되는 주변 풍경, 거리의 모습 등이 자세하게 묘사된 곳이 제법 나온다. 그러나 뒤에 나올 사건이 궁금해서 소설을 빨리 읽을 경우, 이렇게 묘사된 부분을 꼼꼼하게 생각하고 머릿속으로 그려 볼 기회가 사라진다. 특히 요즘 우리 아이들의 책 읽는 습관을 살펴보면 생각하며 읽기보다는 '읽었다'라는 사실에만 방점을 찍으며 페이지를 얼른 넘기는 데 의의를 두는 것 같다.

  작품을 제대로 읽었다면 읽고 난 뒤, 마음에 울림이 있어야 한다. 울림은 천천히 생각하며 맥락을 이해하고 추론하는 과정을 통해서도 생기지만, 생동감 넘치거나 실감 있게 표현된 장면 묘사를 한 폭의 그림으로 표현하듯 이미지화하는 과정에서도 가능하다.

  나는 학생들이 글을 생각하며 꼼꼼하게 읽는 습관을 길러 주기 위해 장면 묘사가 나오는 장면은 놓치지 않고 그림으로 표현하도록 한다. 이런 활동은 두세 문단의 짧은 내용이더라도 생각하며 천천히 읽는 습관 형성에 도움이 된다. 특히 빠른 속도에 익숙한 요즘 학생들에게 꼭 추천하고 싶다. 천천히 생각하며 책 읽는 뇌로 변화하려면 충분한 경험과 연습이 필요하다.

  '고양이의 날' 123쪽과 124쪽을 보면, 등장인물인 길고양이들의 보금자리를 설명하는 장면이 자세히 묘사되어 있다. 아이들과 만나기 전, 어떤 작품으로 슬로리딩하면 좋을지 한창 고민했었다. 학급당 주 2시간 혹은 1시간 수업일 수 있기에 단편 소설을 닥치는 대로 읽었지만, 흡족하게 마음에 드는 작품을 찾기란 쉽지 않았다. 그러다가 이 장면을 만나는 순간, 학생들이 더 풍부하고 다양한 슬로리딩을 할 수 있겠다는 생각에 기쁨을 감출 수가 없었다.

학생들과 '지하철역, 중국집, 커피 전문점, 다세대 주택, 주차장, 남색 여행 가방' 등의 위치 파악에 도움이 되는 단어들을 함께 확인하면서 건물들끼리 서로 마주 보는지, 어느 방향으로 길이 이어져 있을지, 고양이들의 보금자리 근처에는 어떤 물건들이 있는지 등을 살폈다.

학생들은 지금까지 소설을 읽으면서 구체적인 장소나 풍경이 잘 묘사된 부분을 읽어 왔지만, 이렇게 그림으로 표현하며 꼼꼼히 읽는 과정은 처음 해 본다고 했다. 자세히 다시 읽어 보니 작품 속 배경이 실감 나게 다가온다는 소감도 밝혔다.

'지하철역이 있는 큰길에서 주택가로 이어지는 시멘트 도로를 따라 죽 들어오면 오른편으로 동네에서 꽤 유명한 중국집이 있다. 그 맞은편에는 아침 7시에 문을 열어 모닝 스페셜 토스트 세트를 판매하는 커피 전문점이 있는데, 그 건물을 끼고 좁은 골목으로 들어와 막다른 끝에 이곳, 그러니까 붉은 벽돌로 지어진 3층짜리 다세대 주택이 있다. 별다른 특징이랄 것도 없는, 그런 평범한 주택이다. 인근의 다세대 주택들이 대개 그러하듯 1층 공간은 주차장인데, 골목에서 주차장으로 들어와 왼편으로 보이는 담장과 다세대 주택 건물 사이의 좁은 틈새에는 잡동사니들이 함부로 버려져 있었다. 마른 흙만 가득한 화분, 용도 불명의 쇠 파이

프, 다리가 하나 없는 의자, 살이 드러난 우산, 커버가 벗겨진 유모차 그리고 고양이들이 둥지로 삼고 있는 플라스틱 재질의 짙은 남색 여행 가방.'[22]

[학생 작성 사례][23]

---

22) '고양이의 날'(이현, 2021, 창비청소년문학 50, 『파란 아이』 박숙경 엮음, 창비) 123쪽~124쪽의 일부를 인용하였다.
23) 이 그림은 골목에 CCTV가 있다는 가정하에 학생이 '고양이의 날'(이현, 2021, 창비청소년문학 50, 『파란 아이』 박숙경 엮음, 창비)의 123쪽~124쪽 장면 묘사 부분을 읽고, 그림으로 표현한 것이다.

[탐구] 슬로리딩 샛길 탐구를 떠나다

[수업 흐름도 3]

활동명	'고양이의 날' 제2장 장면 묘사 그림으로 표현하기
활동 목표	장면으로 묘사된 부분을 그림으로 표현하면서 천천히 읽는 습관을 기른다.
성취기준	[9국02-08] 도서관이나 인터넷에서 관련 자료를 찾아 참고하면서 한 편의 글을 읽는다. [9국05-10] 인간의 성장을 다룬 작품을 읽으며 삶을 성찰하는 태도를 지닌다.
수업 의도	• 학생들이 작품을 읽으면서 가볍게 스쳐 지나가 버리는 무수한 장면들 중에 묘사가 잘 된 곳이 제법 있다. 작품을 읽으면서도 주요 사건이나 등장인물의 상황도 시간이 지나면 금세 잊어버리는데, 작품의 일부분에 불과한 장면은 쉽게 넘겨 버리기 일쑤이다. 이를 그림으로 표현하면서 묘사된 부분을 꼼꼼하게 읽는 습관을 갖도록 했다. 학생들은 같은 장면을 읽으면서도 각자의 시선에 따라 서로 다른 그림이 결과물로 나오므로 이를 바탕으로 다시 작품의 내용을 확인하고 머릿속으로 그려 보는 작업을 곁들이게 된다. 이와 같은 과정은 자연스럽게 문장 이해 능력의 향상을 가져오며, 글을 천천히 읽는 습관을 익히게 한다.
수업의 흐름	
소리 내어 함께 읽기	• 오늘의 작품('고양이의 날' 제2장 : 전개) 내용 중 장면 묘사가 된 세 개의 문단 다시 읽기
주요 위치 단어 고르기	• '지하철역, 중국집, 커피 전문점, 다세대 주택, 주차장, 남색 여행 가방'을 찾아 위치 확인하기
그림으로 표현하기	• 문장을 다시 천천히 읽으며 스크랩북에 그림으로 표현하기 • 짝 또는 모둠 내 협의 가능(개인별 스크랩북에 각자 표현)
배움 공유	• 모둠 내 공유 및 수정

셋.
명대사 패러디 문장 만들기

'고양이의 날'의 제4장 절정에는 독립을 앞둔 잿빛 줄무늬 고양이의 성장과 자립의 과정이 잘 드러난다. 그 과정에서 검은 고양이가 말한 '고양이의 눈'과 관련된 주요 문장을 활용하여 아이들이 모방하는 연습을 하며 문장 구성 능력을 기르고자 했다.

특히 절정 부분에는 우리 아이들이 꼭 깨닫길 바라는 도전과 성장이 곳곳에 숨어 있다. 우리는 태어나서 살아가는 동안, 수많은 고난과 갈등을 마주한다. 진정한 성장은 지금까지 두려워서 한 번도 시도해 보지 못했던 높은 벽을 용기를 내어 계단으로 만들며 한 걸음씩 내딛는 첫걸음에서 출발한다. 독립을 앞둔 잿빛 줄무늬 고양이도 그런 용기를 내어 태어나서 처음으로 높은 나무 위에 올라갔다. 그때 검은 고양이가 다음과 같은 말을 한다.

> '세상에는 두 종류의 고양이가 있다.
> 고양이의 눈을 가진 고양이와 그렇지 못한 고양이가.'[24]

---

24) '고양이의 날'(이현, 2021, 창비청소년문학 50, 『파란 아이』, 박숙경 엮음, 창비)의 140쪽 중 일부를 인용하였다.

이 대사를 아이들이 개별적으로 인상적인 장면 책 메모에 그친다는 게 너무 아쉬워서 '명대사 패러디 문장 만들기' 활동을 구상했다. 아이들이 이 문장을 제대로 곱씹으며 감상하려면 절정 부분을 '성장'과 관련지어 깊이 들여다볼 필요가 있었다. 그래서 잿빛 줄무늬 고양이가 성장한 순간으로 보이는 부분을 찾아 책에 밑줄을 긋고 표시하도록 했다. 그 후, 검은 고양이가 말한 '고양이의 눈'의 상징적 의미를 함께 추론했다.

'고양이의 눈'이라는 표현은 이 작품의 핵심이다. 이와 같은 작품의 핵심으로 생각을 넓히는 배움이 학생들에게 꼭 필요하다. 학생들은 '고양이의 눈'이 '세상을 살아갈 힘', '삶의 지혜', '세상을 바라보는 넓은 안목', '성장의 경험' 등을 의미한다고 정리했고, 작품 속에서 '고양이의 눈을 가진 고양이'와 '그렇지 못한 고양이'는 각각 어느 인물을 말하는지 친구들과 의견을 나눴다. 그런 뒤에 이 문장을 모방하여 창작하면서 명대사를 내면화하는 시간을 가졌다.

[학생 작성 사례]

- 세상에는 두 종류의 노력이 있다. 남이 시켜서 하는 노력과 내가 스스로 하는 노력이.
- 세상에는 두 종류의 음식이 있다. 내 입맛에 맞는 음식과 그렇지 않은 음식이.
- 세상에는 두 종류의 학생이 있다. 바르고 예의 바르게 행동하는 학생과 그렇지 않은 학생이.
- 세상에는 두 종류의 동물이 있다. 자신의 욕구를 조절할 수 없는 진짜 동물과 자신의 욕구를 조절할 수 있는 사람이라는 동물이.

- 세상에는 두 종류의 사람이 있다. 자존감이 높아 누가 나를 평가하든 점수를 매기든 상관하지 않는 사람과 자존감이 낮아 나를 평가하면 감정을 조절하지 못하고 싸우는 사람이.
- 세상에는 두 종류의 마음가짐이 있다. 작심삼일로 끝내는 다짐과 꾸준히 자신의 일을 끝까지 하는 다짐이.
- 세상에는 두 종류의 신발이 있다. 반짝반짝 빛나는 부유한 집안의 신발과 낡고 볼품없는 가난한 집안의 신발이.
- 세상에는 두 종류의 사람이 있다. 고마움을 알고 남에게 베풀 줄 아는 사람과 남에게 베풀 줄 모르고 받기만 하는 사람이.
- 세상에는 두 종류의 사람이 있다. 인생의 즐거움을 아는 사람과 그렇지 못한 사람이.
- 세상에는 두 종류의 물건이 있다. 모든 쓸모를 다 하고 버려지는 귀한 물건과 자신의 쓸모를 다하지 못하고 버려지는 아까운 물건이.
- 세상에는 두 종류의 지우개가 있다. 연필이 한 실수를 제대로 지워 주는 지우개와 그렇지 못한 지우개가.
- 세상에는 두 종류의 관계가 있다. 그저 시간을 함께 하다가 스쳐 지나가는 사람과 평생을 함께하며 추억을 나누는 인생의 동반자가.
- 세상에는 두 종류의 생각을 가진 사람이 있다. 세상과 사람에 대해 편견을 가진 사람과 그렇지 않고 따뜻하게 세상을 바라보는 사람이.
- 세상에는 두 종류의 별이 있다. 밤하늘에 머물러 있는 별과 다른 곳을 향해 빠르게 지나가는 별이.
- 세상에는 두 종류의 아기 새가 있다. 포기하지 않고 날아 보는 아기 새와 그렇지 않은 아기 새가.
- 세상에는 두 종류의 세계가 있다. 다 같이 협력하면서 살아가야 하는 공동의 세계와 그렇지 않고 나에게 집중할 수 있는 나만의 개인적인 세계가.
- 세상에는 두 종류의 학생이 있다. 학교에 자러 오는 학생과 그렇지 않은

학생이.
- 세상에는 두 종류의 친구가 있다. 배려심이 넘치는 진정한 친구와 그렇지 않은 이기적인 친구가.
- 세상에는 두 종류의 친구가 있다. 우정을 중요시하는 진정한 친구와 그렇지 못한 친구가.
- 세상에는 두 종류의 사람이 있다. 매일매일 목표를 세워 나아가고 성장하는 사람과 그렇지 못한 사람이.
- 세상에는 두 종류의 사람이 있다. 자기 스스로 문제를 파악하고 해결하는 사람과 그렇지 못한 사람이.
- 세상에는 두 종류의 시간 관리자가 있다. 시간이 언제 흘러가나 수동적으로 기다리고 있는 사람과 자신에게 주어진 시간이 아까워 조금이라도 열심히 살아가는 능동적인 사람이.
- 세상에는 두 종류의 학교가 있다. 학생의 의견을 잘 받아들이는 학교와 그렇지 않은 학교가.

[수업 흐름도 4]

활동명	'고양이의 눈' 패러디 문장 만들기
활동 목표	작품에 나타난 중요한 문장을 이해하면서 이를 모방하는 활동을 통해 문장 구성 능력을 기른다.
성취기준	[9국02-08] 도서관이나 인터넷에서 관련 자료를 찾아 참고하면서 한 편의 글을 읽는다. [9국05-10] 인간의 성장을 다룬 작품을 읽으며 삶을 성찰하는 태도를 지닌다.
수업 의도	• '고양이의 날'의 제4장 절정은 독립을 앞둔 잿빛 줄무늬 고양이의 성장과 자립의 과정이 잘 드러난다. 그 과정에서 어미인 검은 고양이가 말한 '고양이의 눈'과 관련된 주요 문장을 활용하여 학생들이 모방하며 문장 구성 능력을 기르고자 한다.

수업의 흐름	
주요 내용 정리하기	• '고양이의 날' 제4장(절정)의 주요 내용을 등장인물의 행동과 관련하여 순서대로 정리하기
잿빛 줄무늬 고양이의 '성장' 장면 정리하기	• 잿빛 고양이가 이전과 달리 한 단계 성장했다고 생각되는 순간을 제4장(절정)을 중심으로 정리하기 • 잿빛 줄무늬 고양이가 성장했다고 생각하는 장면을 찾아 책에 밑줄 긋기
'고양이의 눈' 문장 해석하기	• 검은 고양이가 잿빛 줄무늬 고양이에게 한 '고양이의 눈' 문장 함께 읽기 • '고양이의 눈을 가진 고양이'와 '그렇지 못한 고양이'의 의미 해석하기 • 작품 속에서 '고양이의 눈을 가진 고양이'와 '그렇지 못한 고양이'는 각각 어느 등장인물에 해당하는지 의견 나누기 • '고양이의 눈'이 상징하는 의미 정리하기
'고양이의 눈' 패러디 문장 만들기	• '세상에는 두 종류의 고양이가 있다. 고양이의 눈을 가진 고양이와 그렇지 못한 고양이가.'[25]를 모방한 나만의 문장 만들기
배움 공유	• 모둠 내 공유 및 발표 • 교사 개별 피드백

---

25) '고양이의 날'(이현, 2021, 창비청소년문학 50, 『파란 아이』, 박숙경 엮음, 창비)의 140쪽 중 일부를 인용하였다.

넷.
생각하는 힘을 키우는 샛길 토론 활동

  소설을 천천히 깊게 이해하는 방법 중 한 가지로, 등장인물의 선택을 작품 속 중심 사건과 관련지어 다양한 시각에서 살펴보는 토론이 있다. 나는 학생들의 사고가 한 가지 측면에 머물지 않고, 다각도로 사고할 수 있도록 두 마음 토론을 일부 변형하여 두 가지 주장을 모두 생각해 볼 시간을 주었다. 특히 토론하기에 앞서 토론 전 활동으로 자신의 생각을 충분히 정리한 후, 친구들과 대화하도록 했다.

  '고양이의 낯'에서 검은 고양이는 일부러 잿빛 줄무늬 고양이가 영역을 벗어나 왕초 고양이에게 쫓기게 한 후, 스스로 나무 위에 오르고 혼자 힘으로 내려오도록 했다. 독립을 앞둔 새끼 고양이를 둔 어미의 선택에 대해 학생들과 '검은 고양이가 잿빛 고양이의 성장과 자립을 위해 왕초 고양이에게 쫓기게 한 후, 높은 나무 위로 오르도록 한 선택은 잘한 것인가?'라는 질문으로 두 가지 주장을 제시했다.[26]

  첫 번째 주장은 '잿빛 고양이의 독립을 위해 부모로서 필요한 선택이었다.'이고, 두 번째 주장은 '잿빛 고양이가 스스로 독립할 때까지 기다려 주어야 했다.'이다. 학생들은 분홍색 포스트잇과 하늘색 포스트잇에 각 주

---

[26] '고양이의 낯'(이현, 2021, 창비청소년문학 50, 『파란 아이』, 박숙경 엮음, 창비)의 135쪽~143쪽의 내용을 재구성하여 활용하였다.

장에 대한 이유를 두 가지씩 작성했다.

　처음에는 두 가지 주장 중에서 한 가지를 선택하는 줄 알았다가 당황하는 모습도 보였지만, 서로 상반된 주장에 대해 근거나 이유를 생각하며 자신의 생각을 정리했다. 4인 모둠 책상에서 바깥쪽과 안쪽에 앉아 있는 학생들이 서로 마주 보고 바깥쪽 학생들은 첫 번째 주장과 근거를, 안쪽 학생들은 두 번째 주장과 근거를 말했다. 처음에는 자신이 적은 내용을 보면서 읽기만 해서 작성한 내용을 참고로 하여 친구에게 설명하듯이, 평소 친구들과 대화하듯이 말하되, 상대방을 설득할 수 있는 근거를 논리적으로 제시해 보라고 피드백했다. 그리고 친구의 주장과 근거에 대해 궁금한 내용을 서로 질문하면서 선생님이 멈추라고 할 때까지 진행하도록 했다.

　충분한 토론이 진행된 후에는 입장을 서로 바꿨다. 즉 바깥쪽 학생들은 두 번째 주장과 근거를 말하고, 안쪽 학생들은 첫 번째 주장과 근거를 말했다. 이 과정에서 조금 전 상대방의 의견 중에서 좋았던 내용은 자신의 근거로 활용할 수 있도록 했다.

　다음으로 토론의 주제와 관련하여 생각을 정리하도록 가치 수직선 토론 활동을 진행했다. '검은 고양이가 잿빛 고양이의 성장과 독립을 위해 왕초 고양이에게 쫓기도록 하여 높은 나무 위로 오르도록 한 선택은 잘한 것인가?'라는 토론 주제에 대해 '매우 잘못한 일 - 잘못한 일 - 보통 - 잘한 일 - 매우 잘한 일' 등으로 자신의 의견을 정하고 이름을 적어 해당 칸에 붙였다. 자신과 비슷한 생각을 하는 친구들이 누구인지 서로 살펴보며 자연스럽게 친구와 의견을 주고받는 모습을 보이기도 했다. 그런 후에는 모둠 내 또는 짝 활동을 통해 2~3명과 의견을 주고받으며 그렇게 생각하는 이유나 근거를 설명하도록 했다. 이 과정에서 최종적으로 의견이 수정된 학생은 다시 해당 칸 아래 이름을 붙이도록 했다.

이와 같은 토론 활동 후에 최종적으로 주제에 대한 자신의 입장과 근거를 정리해서 포스트잇에 메모했다. 학생들이 각자의 생각을 한 가지 입장만 선택해서 상대방에게 주장했다면, 새로운 시각과 관점으로 사고가 확장되는 경험은 하기 어려웠을 것이다. 그러나 학생들은 이미 두 가지 입장에 대해 말하고 들으면서 다양한 시각을 형성했고 가치 수직선 토론 활동을 통해 여러 의견을 인정하고 수용하는 태도를 가졌기에 최종적인 의견은 내용이 훨씬 조리 있고 풍성했다.

[학생 활동 장면]

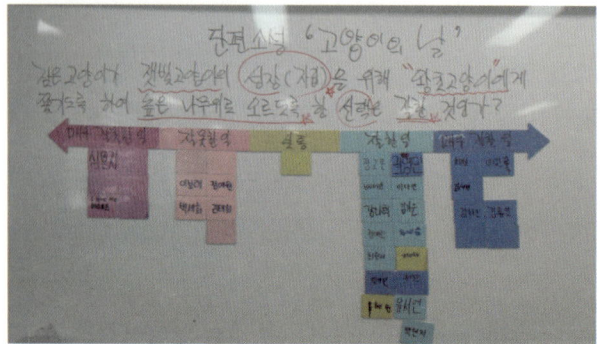

[학생 작성 사례]

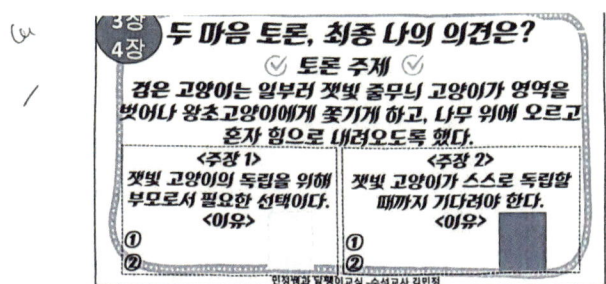

<주장 1에 대한 이유>
① 잿빛고양이의 독립을 위해 부모로서 선택 안한면 잿빛고양이는 독립을 못할 수도 있기 때문에 부모로서 필요한 선택이다.
② 독립을 못해서 부모와 같이 살면 좀 많이 힘들기 때문에 부모로서 필요한 선택이다.
③ 부모로 하지 않는다면 어릴 때부터 독립 경험을 쌓지못해 다컸을때 불리하고 건너뛰어 처음적 경험을 쌓아놔야 생존에 유리하기 때문이다.

1323 정예은

<주장 2에 대한 이유>
① 잿빛고양이가 왕초고양이에게 쫓기게 하면서 홀로 나무 위에 오르고 내려오는건 어떤 상황에선 위험하기 때문에 자칫 목숨을 잃을 수 있기 때문에 스스로 독립 할 때까지 기다려야 한다.
② 잿빛고양이는 부모의 손길이 아닌 자신 스스로 독립할 줄 알아야 하기 때문에 스스로 독립할 때까지 기다려야 한다.

1323 정예은

최종 나의 의견은?
1323정예은

검은고양이가 잿빛고양이의 성장(자립)을 위해 왕초고양이에게 쫓기도록 하여 높은 나무 위로 오르도록 한 선택은 잘한것인가?
ㄴ 잘한 것이다. 왜냐하면 어릴 때부터 독립경험을 쌓아놔야 다컸을땐 유리해진다 만약 쌓지 않는다면 생존에 불리해 질 수 있기 때문에 미리 쌓아놔야 한다. 어미고양이가 이런 일을 안했다면 잿빛고양이는 나무에 잘 올라가지 못하고 성장(자립)을 못했을거다. 즉, 부모로서 꼭 필요한 선택이다

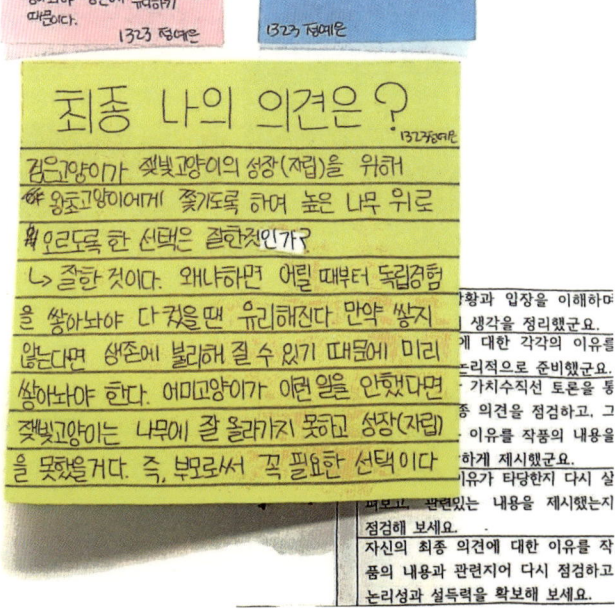

[탐구] 슬로리딩 샛길 탐구를 떠나다

[수업 흐름도 5]

활동명	두 마음 토론 활동, 가치 수직선 토론 활동으로 나의 의견 정리하기
활동 목표	작품 속 등장인물의 행동과 선택에 대해 자신의 의견을 밝힐 수 있다.
성취기준	[9국01-10] 내용의 타당성을 판단하며 듣는다. [9국05-10] 인간의 성장을 다룬 작품을 읽으며 삶을 성찰하는 태도를 지닌다.
수업 의도	• 작품 속 주요 등장인물의 상황과 입장을 파악한 후, 등장인물의 선택을 다양한 관점으로 이해하면서 사고가 확장되는 경험을 제공한다. 처음부터 한 가지 주장을 정하는 것이 아니라, 서로 다른 두 개의 주장을 모두 경험하고 친구들에게 설명하면서 다양한 의견을 수용하고 최종 의견을 도출하는 과정에서 주장에 대한 타당한 이유를 제시하는 배움을 제공하고자 했다.
수업의 흐름	
토론 주제 안내	• '고양이의 날' 제3장(위기)~제4장(절정)에 나오는 검은 고양이의 행동에 대한 자신의 의견을 정리하도록 토론 주제 안내 "검은 고양이가 잿빛 고양이의 성장과 자립을 위해 왕초 고양이에게 쫓기도록 하여 높은 나무 위로 오르게 한 선택은 잘한 것인가?" 〈주장 1〉 잿빛 고양이의 독립을 위해 부모로서 필요한 선택이었다. 〈주장 2〉 잿빛 고양이가 스스로 독립할 때까지 부모라면 기다려 주어야 했다.
두 마음 토론을 위한 토론 전 메모 활동	• 학생 개인당 포스트잇 두 장을 배부(분홍색 한 장, 하늘색 한 장) • 〈주장 1〉에 대한 이유나 근거를 두 가지 이상 분홍색 포스트잇에 작성 • 〈주장 2〉에 대한 이유나 근거를 두 가지 이상 하늘색 포스트잇에 작성 • 모든 학생은 〈주장 1〉, 〈주장 2〉에 대한 이유나 근거를 작성해야 함.
두 마음 활용 토론	• 1대 1로 짝을 구성(학생 A - 학생 B) • 학생 A는 〈주장 1〉과 이유, 근거를 설명 + 학생 B는 〈주장 2〉와 이유, 근거를 설명 • 서로의 주장과 이유에 대한 질문 및 반박, 의견 나눔 • 학생 B가 〈주장 1〉과 이유, 근거를 설명 + 학생 A는 〈주장 2〉와 이유, 근거를 설명 • 서로의 주장과 이유에 대한 질문 및 반박, 의견 나눔

가치 수직선 토론	• 토론 주제에 대해 '매우 잘못한 일 - 잘못한 일 - 보통 - 잘한 일 - 매우 잘한 일'로 자신의 최종 의견을 정하고 이름을 적어 해당 척도표에 부착하기 • 짝 활동을 통해 자신의 의견과 이유 설명하기(2~3회 새로운 짝을 만나 실시) • 친구들의 발표를 듣고 의견 수정의 기회 제공하기
최종 의견 작성	• 두 마음 토론 활동, 가치 수직선 토론 활동을 통해 개별 학생의 최종 의견 정하기 • '나의 최종 의견은?'을 포스트잇에 작성하기
배움 공유	• 모둠 내 공유 및 발표 • 교사 개별 피드백

다섯.
궁금증을 해결하는 샛길 조사

소설을 읽다 보면 등장인물의 상황과 관련된 중심 사건이나 작품에 등장하는 소재 등 독자의 궁금증을 유발하는 것들이 있다. 그것은 작품을 읽으면서 더 찾아보고 싶은 정보나 시대적 특성과 풍습일 수도 있고, 작품 전체를 관통하는 배움의 키워드일 수도 있다. 학생들이 소설을 즐겁게 읽을 수 있는 방법 중 하나는 다양한 지점에서 멈추게 하는 호기심을 지나치지 않고 함께 찾는 샛길 조사 활동을 하는 것이다. 단 친구들에게 소개할 만한 의미 있는 정보와 배움이어야 하고, 핵심 정보를 찾도록 해야 한다.

'고양이의 날'에서 길고양이들의 추격전 장면에서 '영역'에 대해 다양하게 생각한 후, '영역'과 관련된 샛길 조사를 실시했다. 이와 관련해서는 '하마, 늑대, 강아지 등의 영역 동물의 예', '고양이를 영역 동물로 분류할 수 있는 이유', '고양이의 영역 싸움', '동물들의 다양한 영역 표시 방법', '야생동물의 생태계와 영역의 중요성', '국가 영역의 정의', '우리나라와 다른 나라의 영역 표시' 등의 샛길 조사가 있었다.

등장인물인 고양이에 관한 샛길 조사 주제로, '고양이들의 의사소통 방법', '세계 고양이의 날 조사', '고양이들이 스트레스를 받을 때 하는 행동', '길고양이의 하루 일과', '고양이가 좋아하는 냄새, 음식, 행동', '고양이의 평균 수명', '사람과 고양이의 사춘기 행동 측면에서의 공통점과 차이점',

'전 세계 5%만 존재하는 흰색 고양이의 비밀 네 가지', '고양이 혀의 특징', '고양이가 좋아하거나 싫어하는 집사의 행동' 등이 있었다.

'고양이의 날'의 등장인물들 간의 관계나 주제와 관련된 샛길 조사 주제로, '청소년의 자립을 위해 필요한 것', '독립의 필요성과 건강한 독립을 위해 가져야 할 자세', '사춘기 부모와 자녀 간의 지혜로운 의사소통 방법', '다양한 자녀 양육 방식과 각 방식의 장점과 단점', '요즘 청소년들의 자립심과 독립심의 실태', '타인에게 의존하는 성향의 사람들이 가진 특징', '부모와 자식 간의 건강한 거리', '우리나라 30대 캥거루족의 의존성', '청년이 되어도 독립하지 못하는 현대인', '10대가 중요하게 생각하는 도전 과제' 등이 있었다.

이와 같은 샛길 조사의 내용은 인터넷 검색을 활용하여 핵심 내용을 정리한 후, 학급별 패들렛에 게시하여 공유했고, 출처를 밝히도록 했다.

여섯.
등장인물에게 추천곡 선물하기

　슬로리딩에서 샛길 활동은 호기심을 좇아 탐구하고 지식을 확장하는 배움의 과정이기도 하지만, 잠시 쉬어가는 순간이 되기도 한다. 작품에 깊이 몰입하며 읽던 학생들에게 쌓였을지도 모르는 피로감을 잠시 풀어 주는 샛길 활동으로, 등장인물에게 선물하고 싶은 추천곡을 고르고 발표하는 시간을 가졌다.

　이 활동을 하기 위해서 학생들은 작품을 읽으면서 인상적이었던 등장인물을 고르고, 선택한 등장인물에게 용기, 격려, 위로를 줄 수 있는 노래를 생각하도록 했다. 단순히 노래만 고르지 않고, 그 노래를 추천한 이유를 등장인물의 상황, 사건, 작품의 내용과 관련지어 구체적으로 생각해 보도록 했다. 학생들은 대부분 잿빛 고양이를 선택했는데, 특히 노래 가사의 어느 구절이 그 등장인물에게 용기, 격려, 위로가 되는지 밝히도록 했다. 그리고 학생들의 추천곡은 패들렛에 게시하여 공유했다.

[학생 활동 안내 자료]

- '고양이의 날' 등장인물을 개인별로 한 명 선택한다.
- 선택한 등장인물에게 필요한 용기, 격려, 위로를 줄 수 있는 노래를 생각한다.

- 가사가 포함된 노래 영상을 검색하고, 링크를 첨부한다.
- 그 노래를 등장인물에게 추천한 이유를 '고양이의 날'의 내용, 사건, 등장인물의 상황 등과 관련지어 구체적으로 적는다.
- '고양이의 날'의 제1장~제5장 중 어느 장의 어떤 내용과 관련이 있는지 작품의 내용을 구체적으로 작성한다.
- 노래 가사의 어느 구절이 특히 등장인물에게 용기, 격려, 위로가 되는지 구체적으로 밝힌다.

[학생 작성 사례]

등장인물	관련 장면[27]	추천 가사 /추천 이유/ 추천곡(가수)
잿빛 고양이	잿빛 고양이가 높은 나무를 천천히 올라가며 이전의 두려움을 극복하는 장면	'외로움과 두려움이 우릴 힘들게 하여도 결코 피하지 않아 끝없이 펼쳐진 드넓은 바다가 우릴 부르니까'라는 부분이 잿빛 고양이의 도전과 성장을 격려할 수 있을 것 같아서.('우리의 꿈', 코요테)[28]
	잿빛 고양이가 어미와 헤어지는 장면	'지금 내겐 용기가 필요해 빛나지 않아도 내 꿈을 응원해 그 마지막을 가질 테니 부러진 것처럼 한 발로 뛰어도 난 나의 길을 갈 테니까 지금 나를 위한 약속 멈추지 않겠다고'라는 부분을 잿빛 고양이가 검은 고양이와 헤어지고 첫 독립을 시작할 때 격려가 되었으면 해서 추천한다.('시작', 가호)[29]

---

27) '고양이의 날'(이현, 2021, 창비청소년문학 50, 『파란 아이』, 박숙경 엮음, 창비)의 125쪽, 138쪽, 146쪽의 일부를 활용하여 학생들이 등장인물에게 추천하는 곡을 선물한 사례이다.
28) 아티스트 코요테, 작사 이원희인 곡(2019년 발매)이다.
29) 아티스트 가호, 작사 서동성인 곡(2020년 발매)이다.

	잿빛 고양이가 계속 실패하던 예전과 다르게 용기를 내어 나무로 올라가 성공했던 장면	'두려움은 이제 거둬 오로지 나를 믿어 지금이 바로 time to fly 두 눈앞의 끝, 사뿐 넘어가 한계 밖의 trip, 짜릿하잖아'라는 가사가 계속 실패하던 예전과 다르게 나무 오르기에 성공한 잿빛 고양이에게 잘 어울릴 것 같아 추천한다.('오르트구름', 윤하)[30]
	잿빛 고양이와 검은 고양이가 헤어지고 독립을 시작한 장면	'대체 어디서 뭐하는지 궁금해, 기분이 너무 Bad Bad' 이 부분이 잿빛 고양이가 검은 고양이에게 향하는 보고 싶은 마음인거 같아 안쓰럽다. 그리고 뒤에 나오는 'love me love me love me I know, I'm stupid'가 잿빛 고양이가 검은 고양이를 보고 싶어 하는 마음인 것 같아 추천하고 싶다.('Love me', 비오)[31]
검은 고양이	검은 고양이와 잿빛 고양이가 눈 내리는 날 헤어지는 장면	'솔직히 말할게 지금이 오기까지 마냥 순탄하진 않았지'라는 가사가 잿빛 고양이를 독립시켜 떠나보내는데 어미 고양이의 노력과 가르침이 함께 한 시간을 떠오르게 할 것 같아 추천했다.('한 페이지가 될 수 있게', 데이식스)[32]
	잿빛 고양이와 헤어지는 장면	'너와 나 언젠가 남이 되어도 영영 닿을 수 없는 사이 되어도 잊어버리지 마'라는 가사가 잿빛 고양이가 독립을 할 때 검은고양이가 전하고 싶었던 마음일 것 같아서 추천하였다.('잊어버리지마', Crush-(feat.태연)[33]
	검은 고양이가 잿빛 고양이에게 날카롭게 대하는 장면	'너만큼 사랑하고 싶은 건 찾을 수 없을 거야 너만큼 아깝고 귀중한 건 흔하지 않을 거야'라는 가사가 있는데, 검은 고양이가 잿빛 고양이의 독립을 위해 잿빛 고양이에게 날카롭게 대했지만, 검은 고양이도 사랑하는 잿빛 고양이를 위해 그런 선택을 한 것이라고 생각한다. 그래서 이 가사가 검은 고양이의 마음을 잘 나타낸 것 같아서 추천한다.('너만큼', 김사월)[34]

---

30) 아티스트 윤하, 작사 danke인 곡(2021년 발매)이다.
31) 아티스트 비오, 작사 BE'O(비오)인 곡(2022년 발매)이다.
32) 아티스트 데이식스, 작사 Young K(DAY6)인 곡(2019년 발매)이다.
33) 아티스트 Crush, 작사 Zion. T, Crush인 곡(2016년 발매)이다.
34) 아티스트, 작사 김사월인 곡(2021년 발매)이다.

[심화]

심화 활동으로 배움이 깊어지다

하나.
비유를 활용하여 등장인물의 성격 표현하기

중학교 1학년 학생들이 달성해야 할 성취기준으로 '비유와 상징을 활용한 표현하기'가 있다. 비유와 상징은 시를 이해하기 위해 매우 중요한 개념이다. 비유와 상징에 대한 개념과 종류, 표현 방식은 교과서에 수록된 시 '햇비'(윤동주)와 '고래를 위하여'(정호승)를 통해 익히도록 했다.[35] 특히 비유는 학생들이 좋아하고 늘 접하는 K-POP 노래 가사에 나타난 비유 표현을 예시로 설명한 후, 학생들이 직접 K-POP 노래 가사에 쓰인 비유 표현을 찾아 공유하고 발표했다.

우선 멜로망스 '선물'[36]의 가사 '남의 얘기 같던 설레는 일들이 내게 일어나고 있어. 나에게만 준비된 선물 같아. 자그마한 모든 게 커져만 가.'를 제시한 후, '너'를 '나에게만 준비된 선물'에 빗대어 사랑으로 인한 설렘과 선물과 같은 특별한 감정을 나타낸다고 예를 들었다. 교사의 시범과 예시를 참고하여 학생들은 개인 혹은 짝을 지어 비유를 활용한 노래 가사가 있는 K-POP을 찾아 패들렛에 공유했다.

각자 찾은 노래 제목과 가수를 적고, 비유 표현이 쓰인 노래 가사의 앞뒤 맥락을 이해할 수 있도록 작성한 후, 비유 표현이 쓰인 가사는 눈에 띄

---

35) 미래엔(신유식 외), 국어 1-1(2018), 14쪽~41쪽의 교과서 내용을 학습하였다.
36) 아티스트 멜로망스, 작사 김민석인 곡(2017년 발매)이다.

게 표시하도록 했다. 특히 'A를 B에 빗대어 C라는 의미를 나타낸다.'와 같이 자신이 찾은 비유 표현을 구체적으로 설명하고, 노래 가사가 있는 음원 링크도 공유했다.

학생들이 찾아 발표하고 패들렛에 공유한 K-POP 노래 가사 속 비유 표현은 다음과 같다.

[학생 작성 사례]

K-POP 노래 제목(가수)	비유 표현이 사용된 노래 가사	의미
Happy Fools[37] (투모로우바이투게더)	I don't want to leave 여기 이 쾌락의 길 난 마치 butterfly 일만 하는 꿀벌은 노을 지는 저 하늘도 알게 뭐야 예쁜지	'나'를 '나비'에 빗대어 일만 하는 꿀벌과 달리 자유롭다는 의미를 나타냄
첫눈처럼 너에게 가겠다[38] (에일리)	몹시도 좋았다 너를 지켜보고 설레고 우습게 질투도 했던 평범한 모든 순간들이 캄캄한 영원 그 오랜 기다림 속으로 햇살처럼 네가 내렸다 널 놓기 전 알지 못했다 내 머문 세상 이토록 쓸쓸한 것을 고운 꽃이 피고 진 이곳 다시는 없을 너라는 계절	'너'를 '햇살'에 빗대어 오랜 기다림 속에서 햇살처럼 반가운 너를 만났다라는 의미를 나타냄
에잇[39] (아이유)	작별은 마치 재난문자 같지 그리움과 같이 맞이하는 아침	'작별'을 '재난문자'에 빗대어 작별은 갑작스럽고 당황스러운 것이라는 의미를 표현함

---

37) 아티스트 투모로우바이투게더, 작사 Slow Rabbit, 연준, Coi Leray, Akil "worldwidefresh" King, 범규, 태현, Revin, 수빈, 휴닝카이인 곡(2023년 발매)이다.
38) 아티스트 에일리, 작사 이미나인 곡(2017년 발매)이다.
39) 아티스트 아이유, 작사 아이유인 곡(2020년 발매)이다.

푸른꽃[40] (리아)	If you stay 바람에 날리던 기억 If you come 홀로 버티던 끝 모를 시간 내게 한순간의 꿈처럼 손을 건네준다면 빛을 따라온 그림자 같던 널 품고 쓰러지던 날 내 시간도 멈춘 날에 So I'm standing with you 나의 마음 깊이 빼어낼 수 없는 칼날을 품고	'네가 내게 건네는 손'을 '한 순간의 꿈'에 빗대어 '짧은 순간의 행복'을 뜻하고, '너'를 '빛을 따라온 그림자'에 빗대어 나에게 오기를 희망한다는 의미를 나타냄
세상에 없는 계절[41] (임재현)	앞에 성공해 다시 서서 우린 아직 끝난 게 아니라고 말하는 날을 기다렸는데 그 시간이 오기 전에 널 보내는 게 너무 아쉽지만 내 생에 한 번 있었던 행운은 너라고 세상에 없던 계절 그게 너였다고	'너'를 '내 생에 한 번 있었던 행운'에 빗대어 '너는 내 인생에 값지고 소중한 존재야'라는 메시지를 담았음
thirsty[42] (에스파)	알 수 없는 너를 가만 보면 깊은 그 눈빛이 궁금해지면 괜히 <u>거친 바람처럼</u> 난 너를 헤집어	'너를 헤집는 나의 행동'을 '거친 바람'에 빗대어 '혼란스러운 감정'과 '너와 내가 사랑하는 과정이 힘들다'는 것을 나타냄

다음으로 비유를 활용하여 창의적으로 표현하는 활동을 했는데, '스마트폰'과 '방학'을 직유법을 활용하여 표현하기, '시험'과 '내 방'을 은유법을 활용하여 표현하기, '책'과 '이불'을 의인법을 활용하여 표현하기 등으로 구분하여 개성 있게 표현하도록 연습했다.

[학생 작성 사례]

제시어	비유의 종류	학생들의 비유 표현
스마트폰	직유법	• 마치 바닷속 미역 줄기처럼 날 붙잡고 놔주지 않는 스마트폰 • 공기같이 나에게 소중하고 없어서는 안 될 스마트폰

---

40) 아티스트 리아, 작사 남혜승, 김경희인 곡(2022년 발매)이다.
41) 아티스트 임재현, 작사 2soo인 곡(2023년 발매)이다.
42) 아티스트 에스파, 작사 김보은(Jam factory)인 곡(2023년 발매)이다.

방학	은유법	• 아이스크림처럼 빨리 사라져 버리는 방학 • 물에 닿은 솜사탕처럼 금방 녹아 버린 방학
시험		• 시험은 나에게 끝없이 상처를 주는 칼이다. • 시험은 끊임없이 비가 내리는 장마이다.
내 방		• 내 방은 나의 오랜 추억들이 가득한 앨범이다. • 내 방은 나와 언제나 붙어 지내는 반대편 자석이다.
책	의인법	• 책이 내 머릿속에서 춤을 춘다.
이불		• 이불은 내가 포근하게 잠들도록 노래 부른다.

 K-POP 노래 가사를 통해 비유를 익히고, 다양한 제시어를 활용하여 비유를 개성 있게 표현해 본 학생들은 '고양이의 날'에 등장하는 인물들의 성격을 비유적으로 표현하는 것을 어려워하지 않았다.

 등장인물의 성격을 파악하기 위해 다양한 사건과 상황 속에서 등장인물이 한 말과 행동에 밑줄을 그은 후, 이를 근거로 성격을 정리하도록 했다. 그 메모들을 바탕으로 적절한 비유 방식을 선택해 표현하고, 그렇게 표현한 이유를 작품의 내용과 관련지어 밝히도록 했다.

 학생들이 실제로 '고양이의 날'에 등장하는 인물들을 비유적으로 표현한 사례이다.

[학생 작성 사례]

등장인물	비유적 표현	표현한 이유
잿빛 줄무늬 고양이	고양이의 눈을 발견한 잿빛 줄무늬 고양이는 새로운 삶을 시작하는 여행자이다.	잿빛 줄무늬 고양이가 고양이의 눈을 깨닫고 살아갈 힘을 얻었기 때문에 새로운 삶과 인생의 여행을 시작할 수 있기 때문이다.

	잿빛 줄무늬 고양이는 퍼즐을 맞추듯이 나무를 올랐다.	자신이 지금까지 수행하지 못한 것, 잃어버린 조각들을 찾아서 자신의 본모습을 찾아 완벽히 성장할 수 있도록 도전했으므로 퍼즐을 맞춘다고 표현했다.
	잿빛 줄무늬 고양이는 사탕을 먹기 위해 껍질을 하나하나 벗기듯 나무 위로 한 발 한 발 올라갔다.	사탕을 먹기 위해서 껍질을 벗겨야 하듯이 잿빛 고양이도 고양이의 눈을 얻기 위해서 나무 위로 올라갔기 때문이다.
	실패하더라도 도전하는 잿빛 줄무늬 고양이는 오뚜기처럼 다시 일어난다.	오뚜기는 아무리 쓰러져도 다시 끝없이 일어나는데, 이는 도전에 실패하더라도 끝없이 일어나는 잿빛 고양이와 비슷하기 때문이다.
	잿빛 줄무늬 고양이는 한 개씩 쌓아 가는 벽돌집같이 나무 위로 한 발 한 발 올랐다.	벽돌집은 벽돌을 한 개 한 개 쌓아야 벽돌집이 완성되는 것처럼 잿빛 줄무늬 고양이도 경험을 하나하나 쌓아야 독립에 성공한 고양이가 되기 때문이다.
	잿빛 줄무늬 고양이는 그 누구도 눈길을 주지 않는 건물 사이에 피어난 장미처럼 빛났다.	건물 사이에 피어난 장미는 누가 보호해 주지 않아도 오로지 스스로의 힘으로 악착같이 살아간다. 잿빛 고양이도 결국 스스로 성장하고 용기를 내는 모습이 이와 비슷하다.
검은 고양이	검은 고양이는 넘어지지 않는 단단한 벽돌처럼 잿빛 고양이를 구경만 하고 있었다.	검은 고양이는 쥐 새끼 한 마리가 주차장으로 오기만 해도 숨통을 끊어놓던 인물인데 이상하게도 잿빛 고양이가 위태롭게 나무 위로 올라가는 것을 구경만 하는 게 단단한 벽돌 같아서이다.
	검은 고양이는 모든 것을 발견하게 하는 신비한 거울이다.	이 인물은 작품을 계속 읽을수록 배울 점이 많은 부모이고, 자세한 장점까지 하나하나 보이는 특징이 있어서 거울에 빗대었다.
	다정했던 검은 고양이는 흐르는 용암이 빠르게 식는 것처럼 잿빛 고양이에게 차가워졌다.	흐르던 용암이 빠르게 식으면 단단해지고 차가워지는데, 다정했던 검은 고양이가 잿빛 고양이에게 차갑게 변한 것이 서로 비슷하다.

	검은 고양이는 독립을 앞둔 잿빛 고양이에게 꼭 필요한 빨간펜이다.	빨간펜은 중요한 것에 밑줄을 치고 알려 주며 틀린 것을 고쳐 주는데, 검은 고양이도 잿빛 고양이에게 틀린 시선을 고쳐 주고 고양이의 눈을 알려 주며 이별은 새로운 시작이라는 것을 깨닫게 해서이다.
하얀 고양이	갈기 없는 사자 같은 하얀 고양이	아무리 사자여도 갈기가 없으면 사자라고 인정받지 못한다. 하얀 고양이도 사냥도 제대로 못해 길고양이로 살아갈 능력이 없어서이다.
	정이 많고 아름답지만, 겁이 많은 하얀 고양이는 아직 밖을 보지 못한 어항 속 금붕어이다.	하얀 고양이가 검은 고양이를 자기 영역에 있을 수 있도록 보듬어 주던 장면, 하얀 고양이가 예쁜 외모를 가졌다고 나오는 장면, 하얀 고양이가 인간의 손에 길러졌다는 장면을 보니 하얀 고양이는 아직 세상 밖으로 나가지 못한 어항 속 금붕어 같다는 생각이 들어서이다.
	잿빛 고양이 곁에서 하얀 고양이는 언제나 햇살을 비추는 태양처럼 지켜 준다.	검은 고양이와 잿빛 고양이가 싸웠을 때, 잿빛 고양이 곁에서 하루도 빠짐없이 따뜻하게 혀로 털 손질 하는 것이 마치 햇살을 비추는 것 같아서이다.
왕초 고양이	왕초 고양이는 매정한 호랑이처럼 아무런 고민도 없이 달려들어서 와들와들 떠는 새끼를 밀어 버렸다.	왕초 고양이는 새끼에게도 정말 매정하고 사납기 때문에 호랑이가 생각나서이다.
	왕초 고양이는 자기 영역만 중요한 고집불통 어린 아이이다.	왕초 고양이는 자기 영역을 지키기 위해서는 무엇이든지 하고 영역에 대한 고집이 강해서 떼쓰기 좋아하는 고집불통 어린 아이에 비유하였다.
	왕초 고양이는 성을 지키는 용감한 기사 같다.	영역은 성에, 왕초 고양이는 기사에 빗대었는데, 그 이유는 왕초가 자신의 영역에 들어오면 죽을 힘을 다해 쫓아가기 때문에 성을 지키는 기사 같아서이다.

	왕초 고양이는 지하던전 드래곤처럼 자신의 영역을 상대에 맞서 지킨다.	왕초는 최종 보스인 던전의 드래곤처럼 강하고 고양이 중에 꼭대기에 있다. 또 하얀 고양이, 검은 고양이, 잿빛 고양이가 자신의 영역에 침범한 걸 보고 포효하며 매섭게 뒤를 쫓아간 것이 자신의 던전에 들어오면 공격하는 최종 보스 드래곤 같아서이다.	
노란 줄무늬 고양이	컨테이너 지붕 위에서 노란 줄무늬 고양이는 바람에 흔들리는 종이처럼 힘없이 떨어졌다.	왕초 고양이가 컨테이너 지붕 위에서 밀었을 때 힘없이 떨어지는 모습이 바람에 흔들리는 종이처럼 보여서이다.	
	두려움을 이겨 내고 놀이터를 정복한 노란 고양이는 마침내 계곡물을 거슬러 이겨 낸 연어이다.	노란 줄무늬 고양이는 결국 독립하여 자신의 영역을 찾아 놀이터를 지키는 멋있는 결과를 얻어 냈기 때문이다.	
	노란 줄무늬 고양이는 미운 오리 새끼처럼 어미를 닮지 않았다.	왕초 고양이의 자식들은 왕초를 닮아 강하지만 노란 줄무늬 고양이는 형제들과는 다른 미운 오리 새끼처럼 어릴 때 겁도 많고 약해서이다.	
	노란 줄무늬 고양이는 높은 산을 천천히, 그러나 끝까지 올라가는 등산가이다.	어릴 때 겁이 많아 어미인 왕초 고양이에게 떠밀려서 떨어졌지만, 성장하여 결국 자신이 다스리는 영역을 갖추는 모습이 산을 끝까지 등산하는 등산가와 비슷해서이다.	

[수업 흐름도 6]

활동명	'고양이의 날' 등장인물 비유적으로 표현하기
활동 목표	시와 K-POP을 통해 비유를 이해한 후, '고양이의 날'의 등장인물을 비유를 활용하여 표현할 수 있다.
성취기준	[9국05-02] 비유와 상징의 표현 효과를 바탕으로 작품을 수용하고 생산한다. [9국05-10] 인간의 성장을 다룬 작품을 읽으며 삶을 성찰하는 태도를 지닌다.

수업 의도	• 시를 통해 비유의 개념과 종류, 표현 방식을 이해한 후, 학생들이 좋아하는 K-POP의 노래 가사에 표현된 비유를 다양한 예시로 제시하여 그 의미를 파악하면서 비유에 대한 개념을 익힌다. 그리고 학생들이 직접 K-POP 노래 가사에 표현된 비유의 예를 찾고 표현된 의미를 제시하여 비유 표현을 더 깊이 익힌다. • '고양이의 날'에 등장하는 인물들을 비유를 활용하여 다양하게 표현하고 그렇게 표현한 이유를 작품의 특정 장면 속 등장인물의 말과 행동, 성격, 특징과 관련지어 설명하도록 했다. • 이 과정을 통해 비유를 단순히 개념적으로만 이해하는 데 그치지 않고, 작품 속 등장인물의 성격과 특징을 파악하는 데 활용한 후, 비유를 구체적으로 표현하는 활동으로 이어지도록 수업을 설계했다.
수업의 흐름	
시를 통해 비유 이해하기	• 시 '햇비'(윤동주)에 나타난 비유 표현 찾기 • 비유의 개념, 비유의 종류 이해하기
K-POP 노래 가사 속 비유 이해하기	• K-POP 노래 가사에 나타난 비유 표현 이해하기(교사가 예시 안내)
내가 찾은 K-POP 노래 가사 속 비유 표현	• 학생들이 찾은 K-POP 노래 가사에 나타난 비유 표현을 패들렛에 개별적으로 게시하기 • 동료 피드백, 교사 피드백
'고양이의 날' 등장인물을 비유적으로 표현하기	• 소설 '고양이의 날' 등장인물 중 한 명 선택하기 • 선택한 등장인물과 관련된 중심 사건이나 장면 선택하기 • 그 장면에서 나타난 등장인물의 성격이나 특징을 비유를 활용하여 표현하기 • 패들렛에 개별적으로 게시하기 • 동료 피드백, 교사 피드백
배움 공유	• 패들렛 기록을 통해 전체 학생 공유 및 발표 • 교사 개별 피드백

둘.
질문으로 책 대화하기

책 읽고 대화하기

　질문은 소설 속 중심 사건과 등장인물을 둘러싼 다양한 상황을 깊이 있게 이해하는 데 길잡이 역할을 한다. 이 활동에서 소설에 나오는 모르는 단어 등에 대한 질문이나 작품 내용을 확인하는 질문은 하지 않도록 했다.
　여기서는 등장인물의 말과 행동을 상황과 관련지어 이해하고, 중심 사건을 연계하여 작품을 종합적으로 보는 시각을 기르는 데 중점을 두었다.
　학생들은 '궁금 궁금 질문을 잡아라' 활동을 통해 질문하는 연습은 어느 정도 된 상태였다. '궁금 궁금 질문을 잡아라'는 소설 구성 단계별로 몇 쪽씩 읽으면서 해당 영역에 나오는 주요한 사건이나 등장인물들의 행동과 말에 집중한 반면, 질문으로 책 대화하기는 작가의 창작 의도나 작품을 관통하는 핵심 키워드인 '성장', '자립', '도전' 등과 관련지어 작품을 종합적으로 감상하도록 하는 활동이다. 또 '궁금 궁금 질문을 잡아라'는 개인적으로 질문을 생성하는 연습에 더 중심이 있지만, 질문으로 책 대화하기는 함께 읽은 친구들과 질문을 통해 작품에 대한 감상을 나누면서 깊이 있는 사고를 하는 데 중점을 둔다.
　질문으로 책 대화하기는 개인별로 다양한 유형의 질문을 만드는 연습하기, 책 대화를 위해 개인별로 질문 만들기, 모둠 대표 질문 선택하여 책 대화하기 활동으로 이루어지며, 친구들의 질문에 대한 주장과 근거, 이유를 듣고 타당성이 있는지 판단하는 활동과 연계했다.

 질문으로 책 대화하기 활동을 하기 전에 첫 단계로 개인별로 다양한 유형의 질문을 만드는 연습을 실시해서 학생들이 질문과 친해지도록 했다.

 질문 만들기 연습은 내용 확인 질문 만들기, 해석 평가 질문 만들기, 삶 연계 질문 만들기, 샛길 질문 만들기로 제시했다.

 내용 확인 질문은 답을 작품에서 정확히 찾을 수 있는 질문으로, 주요 사건과 등장인물의 정보를 묻는 질문이다. 내용 확인 질문 만들기를 통해 작품의 주요 사건과 중심 내용을 독서 퀴즈 형태로 실시하여 학생들이 작품의 기본적인 줄거리를 다시 점검하도록 했다.

 예를 들어, '노란 고양이가 독립하여 자신의 영역을 만든 곳은 어디인가?', '잿빛 고양이를 밴 채 하얀 고양이의 영역에 들어온 고양이는 누구인가?', '하얀 고양이, 잿빛 고양이, 검은 고양이가 침범한 곳은 누구의 영역인가?', '잿빛 고양이가 왕초를 피해 간 곳은 어디인가?' 등이 있다.

 해석 평가 질문은 등장인물의 말이나 행동에 대해 추론, 해석, 평가하는 질문으로, 사건과 상황을 해석하고 평가하거나 작품의 주제나 작가의 창작 의도와 관련짓는 질문이다. 해석 평가 질문 만들기를 통해 학생들은 작품에서 등장인물이 한 행동이나 선택에 대해 각자 평가하는 연습을 했다.

 예를 들면, '왜 검은 고양이는 잿빛 고양이에게 고양이의 눈을 알려 주고 싶었을까?', '하얀 고양이처럼 스스로의 힘으로 살지 않고 누군가에게 의존하는 삶은 바람직한가?', '검은 고양이가 잿빛 고양이의 독립을 위해 일부러 왕초 고양이에게 쫓겨 나무 위로 올라가게 한 행동은 잘한 것일까?' 등이 있다.

 삶 연계 질문은 작품 내용과 관련 있는 삶의 문제와 고민을 생각해 보게 하는 질문, 사회나 역사, 문화적 현상과 관련지은 질문, 작품의 주제, 핵심 키워드를 삶과 연계한 질문, 작품 내용 중 일부를 자신의 삶과 연관지어 생각해 보게 하는 질문이다. 삶 연계 질문 만들기를 통해 작품 속 상황과 사회, 현실, 삶과 연결하여 말하도록 했다.

예를 들면, '우리는 어떤 도전 앞에서 두려움이 기대와 흥분으로 바뀌는가?', '우리는 언제, 왜 부모님께 서운한가?', '자녀의 독립을 위해 필요한 부모의 태도는 어떠해야 할까?', '성장과 자립을 위해 요즘 청소년들에게 꼭 필요한 도전 과제는 무엇일까?', '과거에 비해 요즘 부모님들이 자녀에 대한 과잉보호가 심한 이유는 무엇일까?' 등이 있다.

샛길 질문은 얼핏 보면 작품 내용과 직접적인 관련이 적어 보이지만, 작품 내용과 관련된 궁금한 정보 찾기, 등장인물들이 했던 상황이나 놀이 체험하기 등을 통해 작품을 보다 깊이 이해하는 데 도움이 되고 배움이 깊어지는 질문이다. 이는 작품에 등장하는 단어, 문장, 상황, 소재, 주제에서 출발하여 학생들의 호기심을 자극하며 탐색하는 활동으로 연결할 수 있다. 앞서 설명했던 '영역'과 관련된 단어 탐구 샛길 활동도 작품 속 등장인물들의 갈등 상황에서 '영역'이라는 단어를 추출하여 다양하게 탐색한 것이다. 이런 샛길 질문 만들기를 통해 작품을 읽으며 궁금했거나 조사하고 싶은 내용을 고민하도록 했다.

예를 들면, '길고양이의 수명과 주된 먹이는?', '페르시안 계통 고양이의 특징은?', '동물의 영역과 사람의 영역은 어떤 공통점과 차이점이 있을까?', '고양이들의 언어는 어떤 종류와 표현 방식의 특징이 있을까?', '자녀를 대하는 부모의 양육 방식은 어떤 유형들로 구분되는가?', '과잉보호와 방임이 자립과 독립에 미치는 영향은 어떠할까?', '길고양이의 삶을 소재로 시나 노래를 짓는다면 어떤 작품이 나올 수 있을까?' 등이 있다.

이렇게 질문 만들기 연습이 끝나면, 친구들과 책 대화하기 위한 개인 질문 만들기 활동을 했다. 학생들은 개인별로 '고양이의 날'을 읽은 후, 친구들과 이야기하고 싶은 질문을 두 개씩 만들었는데, 질문 만들기 연습에서 이미 만들었던 질문 중에서 해석 평가 질문이나 삶 연계 질문도 활용할 수 있도록 했다.

책 대화를 위한 질문이므로 작품의 주제와 관련이 있거나 친구들과 다양한 의견을 나눌 수 있는 질문, 생각을 다양하게 할 수 있는 열린 질문을 만들도록 했다.[43]

개인 질문 두 개는 포트폴리오 활동지에 기록하고, 모둠 친구들의 질문도 각자 개인 학습지에 기록하도록 했다. 4인 모둠인 경우, 자신의 질문을 제외한 여섯 개의 질문을 개인 활동지에 기록하는 형식이다. 여기까지 진행하면 개인 활동지에 총 여덟 개의 질문이 수집된다. 그런 후, 모둠 대표 질문으로 좋은 질문을 선택한다.

학생들은 개인별로 총 여덟 개의 질문 중 세 개를 선택한 후, ☆ 표를 한 개씩 표시한다. 다시 ☆ 표 질문 중에서 두 개 선택한 후, ☆ 표를 한 개씩 또 추가한다. 이렇게 되면, 개인 활동지에 ☆☆ 표 된 질문은 총 두 개이다. 또다시 ☆☆ 표시된 질문 중에서 좋은 질문 한 개를 최종 선택한 후, ☆ 표 한 개를 추가하면 개인 활동지에 ☆☆☆ 표 질문은 한 개가 된다. 이제는 모둠원들과 각자 ☆☆☆ 표시한 질문을 공유하고, 협의하여 모둠 대표 질문을 최종 선정하는 방식을 취했다.

---

[43] 미래엔(신유식 외) 국어 1-1(2018) 77쪽의 '좋은 질문의 조건'을 활용하였다.

모둠 대표 질문에 대해 1차적으로 모둠 내에서 자유롭게 의견을 공유한 후, 개인별로 질문에 대한 자신의 주장이나 의견과 근거를 포스트잇에 메모하도록 했는데, 주장에 대한 근거는 '고양이의 날'의 작품 내용과 관련지어 'O쪽'의 '△△내용을 보면' 등으로 기록하게 했다.

이렇게 작성한 개인별 포스트잇 기록을 바탕으로 2차 모둠 책 대화를 진행했다. 충분한 대화가 오고 간 후에는 모둠 친구들의 주장과 의견, 근거가 타당한지 판단했는데, '주장과 근거 사이에 연관성이 있는지, 근거에서 주장을 이끌어 내는 과정에 오류는 없는지, 근거에서 주장을 이끌어 내는 과정에 영향을 미치는 다른 정보는 없는지'[44] 등을 타당성 판단의 기준으로 제시했다.

덧붙여 모둠 질문을 정하고 책 대화하기 단계에서 교사의 추천 질문을 두 개 제공[45]하여 모둠 대표 질문 두 개와 함께 활동할 수도 있다. 총 네 가지 질문 중에서 각자 희망하는 질문을 선택한 후 의견을 제시하는 방법인데, 모둠 대표 질문 내에서도 개인별 선택권을 부여하는 방식이라 학생들의 호응이 좋았다.

아래는 학생들이 직접 만들고 모둠에서 선택한 의미 있는 질문들이다.

---

44) 미래엔(신유식 외) 국어 1-1(2018) 81쪽의 '타당성 판단의 기준' 활용하였다.
45) 교사의 추천 질문으로는 '고양이의 날을 읽으면서 가장 마음에 남는, 인상적인 등장인물과 그 이유는?'과 '청소년이 자립하고 성장하기 위해 꼭 거쳐야 할 경험이 있다면 무엇이 있을까? 그렇게 생각하는 이유는?'을 제시했다.

[학생 작성 사례]

- 왕초가 잿빛 고양이를 덮치려 하는데도 그저 지켜보기만 하는 어미의 행동은 옳은가?
- 나라면 왕초 고양이가 다가오는 위험한 상황에서 어떻게 행동하고, 해결할 수 있을까?
- 만약 잿빛 고양이가 '고양이의 눈'을 몰랐다면, 잿빛 고양이의 삶은 어떻게 되었을까?
- 한 걸음 성장한 잿빛 고양이는 자신에 대해 어떻게 생각하게 되었을까?
- '고양이의 눈'을 가지게 되는 것은 주인공의 삶에 어떤 영향을 줄까?
- 영역을 침범하지 않는 것이 고양이가 사는 법이라면, 인간이 사는 법은 어떤 것일까?
- '고양이의 눈'처럼 자신만의 눈을 가진 사람과 가지지 못한 사람은 어떻게 다를까?
- 반드시 '고양이의 눈'을 가진 고양이만이 강한 고양이일까?
- 만약 어미 고양이가 잿빛 고양이에게 스스로 살아가는 방법을 알려 주지 않았다면 어떻게 되었을까?
- 내가 검은 고양이라면 잿빛 고양이를 어떻게 키울 것인가?
- 잿빛 고양이에게 '고양이의 눈'이 중요하듯이, 우리 청소년들에게는 무엇이 가장 중요할까?
- 나의 성장 순간은 언제 있었고, 앞으로 더 성장하려면 어떤 경험이 필요할까?
- 잿빛 고양이와 같이 한 단계 더 성장하고 도전하려면 어떤 자세를 가져야 할까?
- 내가 어미 고양이였다면 잿빛 고양이에게 어떻게 '고양이의 눈'을 알려 주려고 했을까?

[심화] 심화 활동으로 배움이 깊어지다

[학생 작성 사례]

조용히 스며들고 소리없이 물드는 달팽이교실의 배움 <김민정 선생님> 웅상여자중학교 1학년 (3)반 (23)번 이름(정예은)

[1-1국어] 2 (2) 읽고 대화하고	'고양이의 날' (이현) 책 읽고 대화하기	
관련 성취기준	[9국02-08] 도서관이나 인터넷에서 관련 자료를 찾아 참고하면서 한 편의 글을 읽는다. [9국01-10] 내용의 타당성을 판단하며 듣는다.	
배움활동	단편 소설 '고양이의 날' 질문으로 책 대화하기	
핵심질문	'고양이의 날'을 길이 있게 이해하기 위한 좋은 질문은 어떻게 만들어야 할까? '고양이의 날'을 읽으면서 생긴 질문들을 친구들과 함께 고민하며 의견을 나누면 어떤 점이 좋을까?	

[개인 질문 만들기] '고양이의 날'을 읽으면서 친구들과 이야기하면 좋은 질문 만들기

좋은 질문이란?	① 작품의 주제와 관련이 있는 질문 ② 질문을 통해 생각을 많이 하게 되는 질문 ③ 다른 사람들과 함께 이야기하면서 다양한 의견을 들어볼 수 있는 질문		
나의 질문 1	왕초가 컨테이너 지붕에 있는 새끼를 바닥으로 밀어낸 것은 잘한것일까?		
나의 질문 2	우리는 독립을 어떤 식으로 하는 걸까?		

	학번	이름	질문 적기
친구들의 질문	1305	김수민	① 우리는 왜 사회적 계급과 서열을 나누는 것일까? ★★★ ② 왜 어미고양이는 한번도 새끼고양이의 털 손질과 다정하게 냄새 맞대며 인사를 나누지 않았을까?
	1312	송현정	① 잿빛줄무늬를 가진 아기고양이는 싸우고 있는 하얀 고양이와 검은고양이를 말리지 않았을까? ② 왜 하얀 고양이는 자신보다 잿빛고양이를 우원으로 두었을까요?
	1322	정소린	① 어미고양이가 잿빛아이의 성장을 위해 왕초고 양이를 도발한 것은 잘한 것일까? ② 아이가 독립하게 하기 위해서는 부모는 어떻게 해야할까? ★★
	1323	정예은	① 왕초가 컨테이너 지붕에 있는 새끼를 바닥으 로 밀어낸 것은 잘한 것일까? ② 우리는 독립을 어떤식으로 하는걸까? ★

김민정 수석선생님 피드백: 작품의 **주제와** 관련이 있는 질문을 만들었군요. 질문을 통해 **생각을** 많이 하게 되는 질문을 만들었군요. 다른 사람들과 함께 이야기하면서 **다양한 의견을 들어볼 수 있는** 질문을 만들었군요.

조용히 스며들고 소리없이 물드는 달팽이교실의 배움 <김민정 선생님> 웅상여자중학교 1학년 (4)반 ( )번 이름(강소정)

[모둠 질문 정하기] 우리 모둠에서 함께 이야기할 대표 질문 1개 정하기

모둠대표질문	검은고양이가 잿빛고양이를 떠나보내기 전 어떤 마음이 들었을까요?

> 1401 강소정 <모둠 대표 질문으로 책 대화>
> 내 생각에는 검은고양이가 잿빛고양이를 떠나보낼 때 좀 슬프기는 하지만 그래도 후련한 마음이 들었을 것 같다. 왜냐하면 5장 13쪽에, 잿빛고양이가 검은고양이에게 꼭 떠나야하냐고 물어봤을 때 검은고양이가 '지금이 떠나기 딱 좋을 때다'라고 하고, 떠난다는 것에 미련을 보이지 않는 걸 보니, 후련한 마음이 들고 있는 것 같다. 그리고 잿빛고양이를 무사히 독립시켰다는 사실에 뿌듯할 것 같다.

[모둠원의 주장과 근거 정리]
※ 모둠대표질문에 대해 모둠원들과 대화

학번	이름	주장	근거

타당성 판단하기	5	4	3	2	1
① 주장과 근거 사이에 연관성이 있는가?					
② 근거에서 주장을 이끌어 내는 과정에 오류는 없는가?	5	4	3	2	1
③ 근거에서 주장을 이끌어 내는 과정에 영향을 미치는 다른 정보는 없는가?	5	4	3	2	1

학번	이름	주장		근거
1423	정은아	검은고양이가 잿빛고양이를 떠나보낼 때 한편으로는 마음을 굳게 갖고, 한편으로는 어린나이에 독립은 어렵지 않을까 라는 마음이 들었을 것	(13쪽)	검은고양이가 "난 다만 떠나기 전에 너에게 고양이의 도를 알려주고 싶었을 뿐이다. 것으로 네가 할 수 있는 모든 것을 다 했으니다." 라고 말했을 때 같다. 글을 읽다, 힘들어하는 마음이 느껴짐

타당성 판단하기					
① 주장과 근거 사이에 연관성이 있는가?	⑤	4	3	2	1
② 근거에서 주장을 이끌어 내는 과정에 오류는 없는가?	⑤	4	3	2	1
③ 근거에서 주장을 이끌어 내는 과정에 영향을 미치는 다른 정보는 없는가?	5	④	3	2	1

학번	이름	주장		근거
1414	위다겸	검은고양이가 잿빛고양이를 무척 아끼고 안타까워 하는 것 같다.	1, (12쪽)	13장에, 잿빛고양이를 독립시키려고 하는 행동이 잿빛고양이가 떠나면 무뚝뚝할 줄 알았는데 5장에, 어미고양이가 좋은 말을 해주는 걸 보아 무척 안타까워했던 것 같다.

타당성 판단하기					
① 주장과 근거 사이에 연관성이 있는가?	5	④	3	2	1
② 근거에서 주장을 이끌어 내는 과정에 오류는 없는가?	⑤	4	3	2	1
③ 근거에서 주장을 이끌어 내는 과정에 영향을 미치는 다른 정보는 없는가?	5	④	3	2	1

학번	이름	주장		근거
1413	양서원	잿빛고양이가 걱정되고, 응원하고, 자랑스러운 마음이 들었을 것이다.	(9쪽)	검은고양이가 잿빛고양이에게 성장할 수 있는 문제들을 내주고 응원해 줬으므로 성장한 잿빛고양이를 자랑스러워 함

타당성 판단하기					
① 주장과 근거 사이에 연관성이 있는가?	⑤	4	3	2	1
② 근거에서 주장을 이끌어 내는 과정에 오류는 없는가?	5	④	3	2	1
③ 근거에서 주장을 이끌어 내는 과정에 영향을 미치는 다른 정보는 없는가?	5	④	3	2	1

[심화] 심화 활동으로 배움이 깊어지다

[수업 흐름도 7]

활동명	'고양이의 날' 질문하며 책 대화하기 1
활동 목표	작품을 읽고 질문을 만들어 대화하면서 내용의 타당성을 판단할 수 있다.
성취기준	[9국02-08] 도서관이나 인터넷에서 관련 자료를 찾아 참고하면서 한 편의 글을 읽는다. [9국05-10] 인간의 성장을 다룬 작품을 읽으며 삶을 성찰하는 태도를 지닌다. [9국01-10] 내용의 타당성을 판단하며 듣는다.

수업 의도	• 소설을 감상할 때, 등장인물이나 주요 내용과 사건에 대해 궁금한 점을 질문하며 읽게 되면 작품 속 문장을 다시 음미하게 되고, 대충 읽고 지나갔던 내용도 새로운 시각으로 바라보게 된다. 그런 의미에서 '고양이의 날'을 질문하며 책 대화하기 활동을 통해 학생들에게 등장인물의 행동과 상황, 입장에 대해 다시 한번 생각해 보는 기회를 주고 싶었다. 또 질문을 만들어 본 경험이 적은 중학교 1학년 학생들이므로 다양한 유형의 질문에 익숙해지는 배움도 제공했다. 여러 질문의 유형 중에서 친구들과 다양한 의견을 나눌 수 있고, 삶의 문제와 연관지어 볼 수 있는 질문을 중심으로 책 대화하면서 사고의 확장이 이루어졌으면 한다.

수업의 흐름

질문 만들기 연습	• 내용 확인 질문 만들기를 통해 작품의 주요 사건과 내용을 독서 퀴즈 형태로 실시 • 해석 평가 질문 만들기를 통해 등장인물의 행동이나 선택에 대해 평가하기 • 삶 연계 질문 만들기를 통해 작품 속 상황과 사회, 현실, 삶과 연결하여 말하기 • 샛길 질문 만들기를 통해 작품을 읽으며 궁금했거나 조사하고 싶은 내용 생각하기
개인 질문 만들기	• '고양이의 날'에서 친구들과 이야기하고 싶은 질문을 개인적으로 2개씩 만들기 • 질문 만들기 연습에서 이미 제작한 질문 중 '해석 평가 질문, 삶 연계 질문'을 활용하도록 안내 • 개인 질문 2개는 개인 포트폴리오 학습지에 기록 • 질문 만들기 조건 제시(해석 평가 질문, 삶 연계 질문과 연계 가능) 〈질문 만들기 조건〉[46] ① 작품의 주제와 관련 있는 질문 ② 생각을 많이 하게 하는 질문 ③ 다양한 의견을 들어 볼 수 있는 질문

---

46) 미래엔(신유식 외) 국어 1-1(2018) 77쪽의 '좋은 질문의 조건'을 활용하였다.

모둠 대표 질문 만들기	• 모둠 친구들의 질문을 모두 개인 포트폴리오 학습지에 기록(4인 모둠인 경우, 자신의 질문을 제외한 6개의 질문을 추가 기록)
	• 자신의 질문 2개와 모둠원의 질문들을 대상으로 좋은 질문을 선택
	① 자신의 학습지에 기록된 전체 질문을 대상으로 좋은 질문 3개 선택 후, ☆ 표 1개씩 표시
	   ☞ 개인 학습지에 기록 : ☆ 표시된 질문은 총 3개
	② ☆ 표시된 질문들 중에서 좋은 질문 2개 선택한 후, ☆ 표시 1개씩 추가 표시
	   ☞ 개인 학습지에 기록 : ☆☆ 표시된 질문은 총 2개
	③ ☆☆ 표시된 질문들 중에서 좋은 질문 1개 최종 선택 후, ☆ 표시 1개 추가 표시
	   ☞ 개인 학습지에 기록 : ☆☆☆ 표시된 질문은 최종 1개
	• 모둠원들과 각자 ☆☆☆ 표시된 질문을 공유하고, 협의하여 모둠 대표 질문 선정
	※ 모둠 대표 질문 2개 + 교사 추천 질문 2개 = 총 4개 질문 중에서 개인별로 선택하여 책 대화하기 활동으로 진행하는 방식도 추천

책 대화 활동하기	• 모둠 대표 질문에 대해 모둠원들과 자유롭게 의견 공유
타당성 판단하기	• 개인별로 포스트잇에 모둠 대표 질문에 대한 자신의 의견(주장)과 근거(이유)를 메모 • 주장에 대한 근거(이유)는 소설 '고양이의 날'의 내용과 관련지어 (○쪽, △△내용) 메모 • 모둠 내 의견 공유 • 자신의 오른쪽 모둠원의 주장과 근거에 대한 타당성 판단하여 평가 〈타당성 판단의 기준〉[47] ① 주장과 근거 사이에 연관성이 있는가? ② 근거에서 주장을 이끌어내는 과정에 오류는 없는가? ③ 근거에서 주장을 이끌어내는 과정에 영향을 미치는 다른 정보는 없는가?

---

[47] 미래엔(신유식 외) 국어 1-1(2018) 81쪽의 '타당성 판단의 기준' 활용하였다.

배움 공유	• 전체 공유 및 발표(희망 학생) • 교사 개별 피드백

내가 등장인물 되기

질문으로 책 대화하기의 두 번째 유형은 학생들이 등장인물의 입장이나 심리를 마치 자신이 경험하는 것처럼 느낄 수 있는 '내가 등장인물 되기' 활동이다.

이 활동은 소설 '고양이의 날'의 등장인물들에게 특정 상황이나 사건과 관련하여 궁금한 것을 질문으로 만들어 인터뷰하는 형식으로 진행했다. 학생들은 소설 구성 단계별 주요 사건에서 등장인물이 어떤 생각을 했고, 어떤 마음 상태였을지 등 궁금한 내용을 질문으로 만들었다. 이렇게 등장인물에게 인터뷰하는 형식의 질문을 만드는 것만으로도 작품에 몰입하는 충분한 기회가 되지만, 자신이 등장인물이 되어 중요한 상황을 설명하고 주장하는 역할까지 하면 작품 감상은 훨씬 깊어진다.

우선 소설 '고양이의 날'에 나오는 다섯 명의 등장인물에 대해 개인별로 한 개씩 질문을 만들었다. 질문을 만들 때는 몇 쪽과 관련된 질문인지 메모하고, 【검은 고양이야, 너는 왜~?】와 같은 질문의 형식을 제시해서 소설 속 등장인물인 것처럼 느끼도록 했다. 모둠원의 수에 따라 4인 모둠은 네 명의 등장인물을 선택하고, 3인 모둠은 세 명의 등장인물을 선택한 후, 각자 맡고 싶은 등장인물을 골라 1인 1역할이 가능하도록 했다. 모둠원들은 각 등장인물에게 각자 이미 준비해 둔 질문을 했고, 각 등장인물은 마치 자신이 그 등장인물인 것처럼 【나는~】으로 대답하게 했다. 질문이 오고 가는 과정에서 각 등장인물이 한 대답은 각자 개인 질문 활동지에 기록하고 정리했다.

　각자 맡은 등장인물의 입장이 되어 작품의 내용과 상황, 맥락에 어울리는 대답을 하면 질문을 한 학생은 대답이 '작품의 내용과 관련하여 등장인물의 말이나 행동, 입장과 상황이 충분히 반영되었는지, 작품의 상황이나 사건과 관련하여 답변의 내용이 충분히 이해되고, 믿을 만한지' 등의 타당성을 판단하는 기준에 따라 '5, 4, 3, 2, 1(점)'을 부여했다.

　학생들이 등장인물에게 하고 싶은 질문의 예는 '검은 고양이야, 너는 잿빛 고양이를 독립시키기 위해 어떤 마음가짐을 가졌니?', '잿빛 고양이야, 너는 어미로부터 고양이의 눈을 처음 배웠을 때 어떤 기분이 들었니?', '하얀 고양이야, 너는 사람들에게 도움받으며 사는 생활에 정말 만족하니?', '왕초 고양이야, 너는 예전에 겁 많던 너의 어린 새끼가 멋지게 독립한 모습을 보고 어떤 생각이 들었니?', '노란 고양이야, 너는 어린 시절 아주 겁 많고 약한 아이였는데, 어떻게 그렇게 멋지게 독립할 수 있었니?' 등이 있었다.

[학생 작성 사례]

조용히 스며들고 소리없이 물드는 달팽이교실의 배움 <김민정 선생님> 웅상여자중학교 1학년 (1)반 (11)번 이름(배채민)

[1-1국어] 2. (2) 읽고 대화하고	'고양이의 날'(이현) 책 읽고 대화하기 2
관련 성취기준	[9국02-08] 도서관이나 인터넷에서 관련 자료를 찾아 참고하면서 한 편의 글을 읽는다. [9국01-10] 내용의 타당성을 판단하며 듣는다.
배움활동	단편 소설 '고양이의 날' - 내가 등장인물 되기 질문 활동
핵심질문	• 내가 '고양이의 날'의 등장 인물에게 궁금한 것은 무엇인가? • 내가 '고양이의 날'의 등장 인물이 된다면, 어떻게 타당성 있게 답할 것인가?

<활동 1> 등장 인물에게 하고 싶은 질문 만들기

검은 고양이	젖빛 줄무늬 고양이	하얀 고양이	완초 고양이	노란 줄무늬 고양이
질문	질문	질문	질문	질문
Q. 검은 고양이야 너는 젖빛줄무늬 고양이가 스스로 독립할 수 있게 기다리지 않고 있니?	Q. 젖빛 줄무늬 고양이 야 너는 독립을 하고 새로운 시작을 시작하려 할 때 어떤 기분이 들었니?	Q. 하얀 고양이 야 너는 왜 길고양이들 처럼 살지 않고 인간들에게 의지하며 살아가니?	Q. 완초 고양이야 너는 왜 노란 줄무늬 고양이를 군가차 없이 바닥으로 밀어서 버렸니?	Q. 노란 줄무늬 고양이 야 너는 왜 영역을 놀이터로 잡았니?
(9~10p)	(14p)	(1p)	(6p)	(7p)

<활동 2> 모둠이 선택한 등장인물 - 모둠원 1인 1역할 배정하기

학번, 이름	학번, 이름	학번, 이름	학번, 이름	학번, 이름
1111 (검은 고양이) 배채민	1118 (젖빛고양이) 이도원	1105 (젖빛고양이) 김보담	1125 (노란줄무늬고양이) 차예은	
답변	답변	답변	답변	답변
A. '나는~ 젖빛 고양이의 독립을 위한 과정이었어.	A. '나는~ 영역 밖으로 밀어냈다/ 불러왔다/ 검은 고양이 처럼 교육의 과정이 되은 법이야.	A. '나는~ 엄마가 날 데려와서 너무 엄마가 이뻤는데 그거 다 날 위한 일이였다 대접 알고 정잦았어/ 완초 고양이가 일찍이 된 것 같아/ 서서히 성장해 간다는 걸 몸소 느꼈어.	A. '나는~ 놀이터가 기구가 있어서 중음을 할 수 있어서 적당했거든/. 먼저 친한데 해쳐서 영역을 만들었구나	A. '나는~

2023-05-1 0 김민정쌤

<활동 3> 친구들의 답변을 듣고, 타당성 판단하기

5 ④ 3 2 1   5 ④ 3 2 1   5 4 ③ 2 1   5 ④ 3 2 1   5 4 3 2 1
  채민   도원   ※ 타당성 판단의 기준 ※   예은

① 작품의 내용과 관련지어 등장인물의 말이나 행동, 입장과 상황이 충분히 반영되었는가?
② 작품의 상황과 사건과 관련지어 답변의 내용이 충분히 이해되고, 믿을만한가?

[심화] 심화 활동으로 배움이 깊어지다

조용히 스며들고 소리없이 물드는 달팽이교실의 배움 <김민정 선생님> 웅상여자중학교 1학년 (4)반 (11)번 이름(강소정)

[1-1국어] 2. (2) 읽고 대화하고 '고양이의 날'(이현) 책 읽고 대화하기 2

관련 성취기준	[9국02-08] 도서관이나 인터넷에서 관련 자료를 찾아 참고하면서 한 편의 글을 읽는다. [9국01-10] 내용의 타당성을 판단하며 듣는다.
배움활동	단편 소설 '고양이의 날' – 내가 등장인물 되기 질문 활동
핵심질문	• 내가 '고양이의 날'의 등장 인물에게 궁금한 것은 무엇인가? • 내가 '고양이의 날'의 등장 인물이 된다면, 어떻게 타당성 있게 답할 것인가?

<활동 1> 등장 인물에게 하고 싶은 질문 만들기

검은 고양이	잿빛 톰고니 고양이	하얀 고양이	왕초 고양이	노란 톰고니 고양이
질문	질문	질문	질문	질문
Q. 검은고양이야, 너는 잿빛고양이를 독립시키기 위해 어떤 마음가짐을 가졌어? (5장)	Q. 잿빛 고양이야, 너는 검은고양이로부터 '고양이의 눈'을 처음 알고 배우게 되었을 때 어떤 기분이 들었어? (4장 10쪽)	Q. 하얀 고양이야, 너는 사람들에게 도움을 받으며 살고있는 것이 정말 만족되니? (1장)	Q. 왕초고양이야, 너는 예전에 겁 많던 노란고양이가 멋지게 독립을 한 모습을 보고 어떤 마음이 들었니? (3장 8쪽)	Q. 노란 고양이야, 너는 예전에는 아주 겁 많고 약한 고양이였는데 어떻게 독립을 할 수 있었니? (3장 8쪽)

<활동 2> 모둠이 선택한 등장인물 – 모둠원 1인 1역할 배정하기

학번, 이름	학번, 이름	학번, 이름	학번, 이름	학번, 이름
1401 강소정	1423 정은아	1414 위다경		1413 양서원
답변	답변	답변	답변	답변
A. '나'는~ 자신의 아이를 혹독하게 키운다는게 무척 마음 아픈 일이긴 하지만, 그래도 잿빛고양이를 위해 하는 일이니까 마음아파도 참고 해서 꼭 멋지게 독립시키겠다고 다짐했어.	A. '나'는~ 독립심을 가지게 되고 한 걸음 성장하게 되어서 기뻤어.	A. '나'는~ 검은 고양이와 잿빛 고양이와 스스로 사냥하며 살아가는 모습을 보고 조금은 후회됐어.	A. '나'는~	A. '나'는~ 왕초 고양이가 나를 너무 강하게 키워서 용감해지고, 독립할 힘을 키울 수 있게 되었어.

<활동 3> 친구들의 답변을 듣고, 타당성 판단하기

⑤ 4 3 2 1	⑤ 4 3 2 1	⑤ 4 3 2 1	5 4 3 2 1	⑤ 4 3 2 1

※ 타당성 판단의 기준 ※
① 작품의 내용과 관련지어 등장인물의 말이나 행동, 입장과 상황이 충분히 반영되었는가?
② 작품의 상황과 사건과 관련지어 답변의 내용이 충분히 이해되고, 믿을만한가?

[수업 흐름도 8]

활동명	'고양이의 날' 질문하며 책 대화하기 2 -내가 등장인물 되기-
활동 목표	1. '고양이의 날'의 등장인물에게 궁금한 것을 질문으로 만들 수 있다. 2. 자신이 '고양이의 날'의 등장인물이 되어 타당성 있게 말할 수 있다.
성취기준	[9국02-08] 도서관이나 인터넷에서 관련 자료를 찾아 참고하면서 한 편의 글을 읽는다. [9국05-10] 인간의 성장을 다룬 작품을 읽으며 삶을 성찰하는 태도를 지닌다. [9국01-10] 내용의 타당성을 판단하며 듣는다.
수업 의도	• 작품을 읽고 주요 내용과 사건, 등장인물의 말과 행동에 대해 궁금한 점을 질문으로 만들어 친구들과 함께 대화하는 것만으로도 작품을 다양하게 이해하고 감상할 수 있다. 한 단계 넘어 자신이 등장인물이 되어 '나는~'의 입장으로 대답하게 되면 실제로 그 등장인물의 상황에 깊이 있게 공감하는 경험을 하게 된다. 질문에 대한 대답만 하지 않고, 다른 친구들의 대답에 대해 타당성이 있는지 판단하면서 작품을 다시 점검하고 꼼꼼하게 이해하며 배움이 한층 깊어질 수 있다. • 특히 등장인물의 상황과 입장에 깊이 공감하기 위해 질문의 형식은 등장인물의 이름을 불러 '○○ 고양이야, 너는 왜~?' 등으로 작성하도록 했고, 친구들의 질문에 대답할 때에는 자신이 그 등장인물이 실제로 되었다는 생각으로 '나는~'으로 대답하도록 했다. • 이런 과정을 통해 학생들이 작품에 더욱 깊이 몰입하도록 수업을 설계하였다.
수업의 흐름	
등장인물에게 하고 싶은 질문 만들기	• 소설 '고양이의 날'의 등장인물 다섯 명에 대해 각자 한 개씩 질문 만들기(잿빛 줄무늬 고양이, 검은 고양이, 하얀 고양이, 왕초 고양이, 노란 줄무늬 고양이) • 질문 작성 시, '고양이의 날' 제○장, ☆쪽의 내용인지 메모하기 '질문의 형식' 안내하기 (예) '검은 고양이야, 너는 왜~?' / '하얀 고양이야, 너는 왜~'
등장인물 선택하기	• 모둠원 수에 맞게 다섯 명의 등장인물 중 3~4명의 등장인물을 모둠별로 선택하기 (예) 4인 모둠에서 선택한 등장인물 : 잿빛, 검은, 하얀, 왕초 (예) 3인 모둠에서 선택한 등장인물 : 잿빛, 검은, 하얀

[심화] 심화 활동으로 배움이 깊어지다

내가 등장인물이 되어 질문에 대답하기	• 모둠별로 선택한 등장인물 3~4명 중 모둠원들이 각자 1인 1역할이 되도록 등장인물 배정하기 • 모둠원들이 각 등장인물에게 하는 질문에 대해 대답하기 • 각 등장인물의 대답을 개인별 학습지에 기록하기 '대답의 형식' 안내하기 (예) '나는 ~'
타당성 있게 판단하기	• 각 등장인물의 대답에 대해 타당성 판단하여 기록하기 〈타당성 판단의 기준〉 ① 작품의 내용과 관련지어 등장인물의 말이나 행동, 입장과 상황이 충분히 반영되었는가? ② 작품의 상황과 사건과 관련지어 답변의 내용이 충분히 이해되고, 믿을 만한가?
배움 공유	• 전체 공유 및 발표(희망 학생) • 교사 개별 피드백

셋.
성장 경험 글쓰기

 학생들은 '성장'이라는 단어를 들으면 매우 거창하고 위대한 경험일 거라며, 자신과는 거리가 먼 일처럼 반응한다. 그러나 등산 전문가도 처음부터 완벽하지 않다. 누구나 처음은 서툴기 마련이다. 천천히 산을 오르며 다리 힘도 기르고, 지치지 않고 즐기는 법을 익히면서 서서히 근육이 붙는다. 또 산길을 걷다가 다치고 넘어지면 잠시 주저앉았다가도 다시 힘을 내서 결국 목적지에 이르게 되듯이, 성장의 과정도 하루아침의 특별한 사건이 아니라, 사소하지만 소중한 일상의 경험들이 모여 이루어진다.

 어제까지는 학교에 가기 위해 아침에 일어나려면 부모님의 도움이 필요했지만, 오늘부터는 알람을 맞추고 스스로 일어나려는 의지를 보인 순간, 친구와 싸워서 몹시 슬프고 화가 났지만 자신의 행동을 돌아보며 먼저 사과할 수 있는 용기를 낸 순간, 지금까지는 부모님의 강요에 못 이겨 공부했지만, 스스로 필요성을 느끼고 의지를 다진 후 수학 교과서를 펼친 순간, 부모님께서 안 계신 집에서 어린 동생과 처음으로 음식을 준비해서 저녁을 먹었던 순간, 엄마 심부름으로 처음 두부를 사고 서툴지만 거스름돈이 맞는지 확인한 뒤 행여 잃어버릴세라 두 손에 꼭 쥐고 집으로 향하던 순간, 이 모든 순간이 온전한 한 인격체로 성장하는 데 필요한 소중한 경험들이다.

 태어난 지 오 개월째로 접어든 잿빛 줄무늬 고양이가 지금까지 두려워한 번도 올라갈 생각조차 하지 않았던 높은 나무 위를 천천히 한 걸음씩 내딛던 순간, 높은 나무 위에서 떨어지거나 다칠 수도 있지만 실패를 두려워하지 않고 제힘으로 결국 올라선 순간, 나는 그 순간의 희열을 작품 속 잿빛 줄무늬 고양이만이 아니라, 우리 아이들도 느껴 보길 바랐다. '그렇지, 나도 이런 경험을 한 적이 있었네?', '지금은 비록 두렵고 떨리지만, 실패하더라도 내 힘으로 천천히 걸어가 보고 싶다.'라는 성장과 도전, 자립에 대한 씨앗이 가슴 속에 싹트길 바랐다.

소설을 읽고 단순히 '흥미로웠다, 인상적이었다, 감동적이었다.' 등의 감상평에 그치지 않고, 잿빛 줄무늬 고양이와 같은 경험을 자신의 삶과 연계하며 내면화하는 의미 깊은 감상의 마무리를 기대했다.

그렇게 고민하며 구상한 활동이 '성장 경험 글쓰기'이다. '성장 경험 글쓰기'는 성취기준 '자신의 삶과 경험을 감동과 즐거움을 주는 글쓰기'와 연계하여 '고양이의 날' 슬로리딩 문해력 활동으로 진행했다.

'성장 경험 글쓰기'의 글감 마련을 위해 다음과 같은 네 가지 세부 활동으로 구분했다.

첫 번째 글감 마련 활동은 【등장인물을 통해 성장 이해하기】이다. 학생들은 '고양이의 날'을 다시 천천히 읽으면서 잿빛 줄무늬 고양이가 성장했다고 생각하는 순간을 두 장면 찾고, 선택한 이유를 적었다. 성장의 경험을 글로 표현하기 위해서는 '성장'에 대한 자신의 생각을 정리할 필요가 있다. 그래서 작품 속 등장인물의 '성장'에 대해 살펴보게 했다.

두 번째 글감 마련 활동은 【등장인물을 통해 나를 발견하기】이다. 등장인물과 자신을 성장과 관련지어 살펴보면서 닮은 점 또는 닮고 싶은 점을 생각해 보는 활동이다. 이 활동을 통해 잿빛 줄무늬 고양이가 성장한 순간에 보여 주었던 용기를 보며 우리 아이들도 '나도 할 수 있다.', '나도 해 보고 싶다.'라는 성장의 욕구와 의지를 갖기 바랐다.

세 번째 글감 마련 활동은 【내 삶의 성장 순간 생각해 보기】이다. '잿빛 줄무늬 고양이에게 '고양이의 날'이 있듯이, 나에게는 'ㅇㅇㅇ의 날'이 있어.'[48])라는 부제로 자신에게 의미 있는 성장 경험을 돌아보게 했다. 자신에게 뜻깊은 성장의 경험이 언제, 어디서 있었던 일인지 떠올린 후, '고양이의 날'과 관련지어 본 후, 그 사건을 성장의 순간이라고 생각하는 이유와 깨달은 점을 정리하도록 했다.

네 번째 글감 마련 활동은 【일상의 경험으로 성장 깨닫기】이다. '성장은 ㅇㅇㅇ이다. 왜냐하면 ~~이기 때문이다'라는 형식으로 비유를 활용하여 성장에 대한 자신의 생각을 표현했다. 그리고 오늘보다 더 성장할 자신을 떠올리며 노력하고 싶은 실천 약속을 세 가지 기록했다.

'고양이의 날'의 잿빛 고양이가 높은 나무 위를 오롯이 혼자 힘으로 오르고 내린 날을 스스로 '고양이의 날'이라고 말한 것처럼, 우리 아이들 각자에게도 두렵지만 처음으로 도전해 본 소소한 경험들이 결국은 성장의 순간이었음을 깨닫게 하고 싶었다.

이렇게 스크랩북의 여덟 쪽 분량으로 글감을 마련한 뒤, 각자의 성장과 관련된 경험을 글로 표현했다. 학생들은 '고양이의 날'의 잿빛 고양이처럼 도전과 용기를 낸 경험이 성장과 관련 있다는 것을 인식하고 이를 글로 표현하면서 내면화할 수 있었다.

학생들에게는 두 가지 글 양식을 제공하고, 선택하여 글을 쓰도록 했다.

---

48) ㅇㅇㅇ에는 학생들 각자 자신의 이름을 적도록 했다.

첫 번째 양식은 교사가 '내용 조직하기'의 얼개를 제시한 형식이다. 글쓰기를 부담스러워하는 학생들을 위해 글에 포함되었으면 하는 내용을 일곱 개의 질문으로 제시하고, 각 질문에 대해 학생이 작성하면 그 글들이 결국 7문단으로 구성된 한 편의 글이 완성되는 방식이다.

학생들에게 안내한 일곱 개의 배움 활동 질문은 다음과 같다.

[성장 경험 글쓰기 배움 활동 질문 - 글쓰기 양식 1]

배움 활동 1	1문단	이 소설의 제목은 '고양이의 날'입니다. '고양이의 날'은 잿빛 고양이에게 어떤 날일까요?
배움 활동 2	2문단	잿빛 고양이에게 '고양이의 날'이 있듯이, 여러분을 한 단계 성장하고 자립하게 한 용기와 도전의 순간을 떠올려 봅시다. 언제, 어디서, 어떻게 일어난 일인가요?
배움 활동 3	3문단	그 경험이 자신에게 성장의 순간이라고 생각하는 이유는 무엇인가요?
배움 활동 4	4문단	그 경험으로 여러분은 무엇을 깨닫고 느끼게 되었나요?
배움 활동 5	5문단	소설 '고양이의 날'의 잿빛 고양이와 여러분은 성장의 경험과 관련지어 어떤 점에서 닮았나요? 또는 무엇을 닮고 싶은가요? 그리고 어떤 점에서 다른가요?
배움 활동 6	6문단	여러분이 생각하는 성장과 자립은 어떤 모습인가요? 그렇게 생각하는 이유는 무엇인가요?
배움 활동 7	7문단	어제의 '나'보다 더욱 성장할 내일의 '나'를 위해 도전하고 실천해야 할 세 가지가 있다면, 무엇일까요? 구체적으로 적어 볼까요?

두 번째 양식은 학생들이 좀 더 자유롭게 글을 쓰도록 한 형식으로, 교사가 제시한 몇 가지의 조건에 맞게 학생 스스로 다섯 개 이상의 문단을 구성하여 쓰도록 했다. 대부분의 학생들은 첫 번째 양식을 선택했지만, 전교생 중 몇 명은 두 번째 양식을 선택했다.

두 번째 양식에서 학생들에게 제공한 안내 및 작성 조건은 다음과 같다.

[성장 경험 글쓰기 작성 조건 - 글쓰기 양식 2]

여러분은 한 학기 동안 단편 소설 '고양이의 날'(이현)을 천천히 깊게 슬로 리딩하면서 '자립, 도전, 용기'와 관련된 '성장'에 대해 여러 활동을 거쳐 생각해 보았습니다. 잿빛 고양이에게 '고양이의 날'이 있듯이 여러분에게도 자신만의 'ㅇㅇㅇ의 날'이 있을 거예요. 아래의 내용들이 포함되도록 자신의 생각과 경험을 '고양이의 날'과 관련지어 글로 써 봅시다.

- 자신을 한 단계 성장하고 자립하게 한 용기와 도전의 순간은 언제, 어디서, 어떻게 일어난 일인가요?
- 그 경험이 자신에게 왜 성장의 순간이라고 생각하나요?
- 그 경험으로 무엇을 깨닫고 느꼈나요?
- 자신이 생각하는 성장과 자립은 무엇인가요? 그렇게 생각하는 이유는 무엇인가요?
- 어제의 '나'보다 더욱 성장할 내일의 '나'를 위해 도전하고 실천하고 싶은 세 가지가 있다면 무엇일까요?

※ 각 문단의 처음은 한 칸 비우고 쓸 것(총 다섯 개 이상의 문단을 작성할 것)

이와 같은 양식은 각각 장단점이 있었다.

첫 번째 양식은 글쓰기에 대한 부담은 줄어들지만, 각 질문에 충실한 답을 글로 쓰다 보니 문단과 문단 사이의 연결이 매끄럽지 않아 접속어의 사용이나 각 질문을 활용하여 두 문단을 자연스럽게 연결하는 부분에 피드백이 많이 필요했다.

두 번째 양식은 글쓰기에 자신이 있는 학생이 주로 선택했는데, 조건의 내용을 고려하며 자신의 생각을 자유롭게 펼치는 데는 좋았다. 다만 글쓰기를 어려워하는 학생들에게는 부담이 될 수 있고, 글의 개요를 세밀하게 구성하는 과정이 더 필요했다.

[학생 작성 사례]

등장인물을 통해
— 잿빛 줄무늬 고양이의 성장 장면 모음

1. 그러나 지금은 선택의 여지가 없었다. 잿빛고양이는 나무를 타고 오르기 시작했다. 이대로 오락가락 나가떨어지는 할 작정이었다. 왕초고양이에게 당할 생각도, 어미 고양이에게서 그런 꼴을 보일 생각도 없었다. 겨우내 바짝 마른 나무를 한 발 한 발 야무지게 발톱으로 내리찍었다. (4장 9쪽)

2. 이제 잿빛 고양이는 두려움 때문에 나무에 오르는 게 아니었다. 어미 고양이에 대한 오기 때문도 아니었다. 하늘을 유영하는 새처럼 텅 빈 마음으로 가볍게 나무를 오를고 있었다. (4장 10쪽)

성장을 발견하다

이 장면을 선택한 이유는, 잿빛고양이가 지금까지 살면서 한 번도 나무를 탄 적이 없었는데 자신이 자발적으로 나무에 올라가고, 올라가면서 어느새 두려움이 느껴지지 않고 자신이 나무에 오르는 것을 즐기게 되었기 때문이다. 그리고 나무에 오를 수 있는 능력까지 가질 수 있게 되었으니 잿빛고양이가 성장하는 가장 대표적인 장면 같다. 하지 못하던 일을 노력 끝에 하게 되었으니, 잿빛고양이는 이 상황에서 아주 큰 성장을 한 것이다.

등장인물을 통해
— 잿빛 줄무늬 고양이와 나는 어떤 점에서 닮았을까? —

'고양이의 날' 제 4장 (9쪽)

왕초에게 쫓기던 중 나무 오르는 방법밖에 없어서 두려움을 무릅쓰고 혼돈스럽게 나가떨어지지 않을 작정을 하며 나무에 오르는 잿빛고양이를 닮고 싶다. 그리고 잿빛고양이가 겁먹고 뒤로 물러가는 게 나와 닮은 것 같다.. 잿빛고양이 하나만이 나와 닮아서 공감이 잘 가니까 닮은 것 같다.

나를 발견하다

왜냐하면
두렵지만 자신을 위해서 위험하더라도 끝내 용기를 내서 나무에 올라갔다. 나는 자신도 없고 '잘못하면 어떡하지?'라고 생각해서 포기하는 경우가 많았었다 그런데 잿빛 고양이는 용기를 내서 왕초에게 당할 생각 없이 도전해서 나는 깨달았다 용기만 내면 무엇이든 할 수 있다고 그래서 요즘 용기내어 살아가고 있기 때문이다.

내 삶의 한단계

잿빛 줄무늬 고양이에게 '고양이의 날'이 있듯이,

언제, 어디서 있었던 일이었지?	이 사건을 성장(자람)의 순간이라고 생각하는 이유는?
2024년 올해에, 인생 처음으로 '영어 스피킹 대회'에 나갔다. 영어 심사위원들 앞에서, 그리고 굉장히 큰 무대에서 긴장하되지만 당당히 영어를 했다. 몸짓과 함께 열심히 응했다.	왜냐하면 내 성격이 매우 소심하고 조용한데 용기를 내어서 많은 사람들 앞에서 목소리를 냈기 때문이다. 또 내가 긴장하며 말을 더듬 걱정도 많은 스타일인데 내 성격을 이겨내 끝까지 잘했기 때문이다.

성장의 순간

나에겐 '정아임의 날'이 있어.

그 경험으로 내가 느끼고 깨달은 점은?	다시 그 시간으로 돌아간다면 어떤 도전을 더 해 볼까?
마음만 먹는다면 무엇이든 할 수 있다고 생각한다. 하기 전에는 포기하고 싶고, 두렵지만 하고 나면 생각보다 별 것 아니다. 할 수 있다!	다시 그 시간으로 돌아간다면, 조금 더 일찍 준비를 시작하고 싶다. 또 영어 발표를 할때 몸짓을 더 많이, 목소리를 더 크게 내고 싶다. !!!

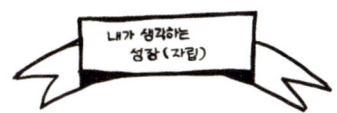

[수업 흐름도 9]

활동명	'나 ○○○의 성장 경험 글쓰기'
활동 목표	소설 '고양이의 날'의 등장인물처럼 도전과 용기로 성장한 자신의 경험을 글로 표현할 수 있다.
성취기준	[9국02-08] 도서관이나 인터넷에서 관련 자료를 찾아 참고하면서 한 편의 글을 읽는다. [9국05-10] 인간의 성장을 다룬 작품을 읽으며 삶을 성찰하는 태도를 지닌다. [9국03-05] 자신의 삶과 경험을 바탕으로 하여 독자에게 감동이나 즐거움을 주는 글을 쓴다.
수업 의도	• 학생들이 소설 '고양이의 날'을 읽으며 진정한 '성장, 자립, 도전, 용기'의 삶을 인식하기를 바랐다. 작품의 주요 내용이나 등장인물을 통해 줄거리만 감상하는 데 그치지 않고, 이를 자신의 삶과 연계하여 '나라면 어떻게 할 것인가?', '나의 성장과 자립을 위해 무엇을 도전하고 실천해야 할까?'를 고민하는 기회를 주고 싶었다. 작품 속 잿빛 고양이가 이전에는 두려워서 도전하지 못했던 높은 나무 위로 올라가고 혼자 힘으로 천천히 내려오는 장면을 통해 학생들이 '나도 이런 성장의 경험이 있을까?'를 떠올려 본 후, 한 단계 더 성장하기 위해 무엇을 실천하고 도전해 볼 것인지 고민하는 기회를 주고 싶었다. 이를 성취기준 '자신의 삶과 경험을 감동과 즐거움을 주는 글쓰기'와 연계하여 '고양이의 날' 슬로리딩 문해력 활동으로 진행하였다.

	• 특히 독립을 앞둔 잿빛 고양이가 높은 나무에 올라가서 '고양이의 눈'을 알게 되고, 성장과 도전의 의미 있는 하루를 '고양이의 날'이라고 스스로 이름 지은 것처럼 학생들 각자에게도 '나 ○○○의 날'을 스스로 정하고 성장과 자립의 의미를 새겨 보도록 했다.
[글감 마련 1] 등장인물을 통해 성장 이해하기	〈'고양이의 날'의 등장인물을 통해 성장을 발견하다〉 • 잿빛 줄무늬 고양이의 성장과 관련된 장면 두 가지를 작품 속에서 찾아 밑줄 긋고 표시하기 〈예시〉 그러나 지금은 선택의 여지가 없었다. 잿빛 고양이는 나무를 타고 오르기 시작했다. 이대로 호락호락 나가떨어지지는 않을 작정이었다. 왕초 고양이에게 당할 생각도, 어미 고양이에게 그런 꼴을 보일 생각도 없었다. 겨우내 바싹 마른 나무를 한 발 한 발 야무지게 발톱으로 내리찍었다.[49] • 성장의 장면 두 군데를 고르고, 선택한 이유를 스크랩북에 메모하기
[글감 마련 2] 등장인물을 통해 나를 발견하기	〈'고양이의 날'의 등장인물을 통해 나를 발견하다〉 - 잿빛 고양이와 나는 어떤 점에서 닮았을까? - • 잿빛 줄무늬 고양이와 나는 어떤 점에서 닮았는지 또는 어떤 점을 닮고 싶은지 찾기 • 닮은 점 또는 닮고 싶은 점과 그렇게 생각하는 이유를 스크랩북에 메모하기
[글감 마련 3] 내 삶의 성장의 순간 생각해 보기	〈내 삶의 한 단계 성장의 순간〉 - 잿빛 줄무늬 고양이에게 '고양이의 날'이 있듯이, 나에겐 '○○○의 날'이 있어! - • 구체적인 성장과 관련된 사건을 정리하여 스크랩북에 메모하기 ① 언제, 어디서 있었던 일인가? ② '고양이의 날'과 어떤 점에서 관련이 있을까? ③ 이 사건을 성장의 순간이라고 생각하는 이유는 무엇인가? ④ 그 경험을 통해 내가 느끼고 깨달은 점은 무엇인가?

---

[49] '고양이의 날'(이현, 2021, 창비청소년문학 50, 『파란 아이』, 박숙경 엮음, 창비) 137쪽~138쪽의 일부를 인용하였다.

[글감 마련 4] 일상의 경험으로 성장 깨닫기	〈일상의 경험으로 성장을 깨닫다〉 • 비유를 활용하여 자신이 생각하는 성장을 스크랩북에 메모하기 　　　'성장은 ○○○이다. 왜냐하면 ~~~이기 때문이다.' • 더 나은 자신의 성장을 위해 실천하고 싶은 약속 세 가지를 스크랩북에 메모하기
배움 공유	• 모둠 내 공유 및 발표 • 동료 피드백, 교사 개별 피드백
[글로 표현하기] 성장 경험을 글로 표현하기	〈'고양이의 날'의 잿빛 고양이처럼 도전과 용기로 성장한 경험을 글로 표현하기〉 • 학생들에게 두 가지 글쓰기 양식을 제공하고, 선택하도록 함. • 글감 마련의 과정을 스크랩북에 작성한 것을 토대로 글을 쓰도록 지도함. [양식 1]은 일곱 개의 배움 활동을 질문으로 제시하여 각 배움 활동에 대해 학생이 작성한 글이 1문단~7문단으로 구성되어 한 편의 글로 표현되도록 함. [양식 2]는 [양식 1]에 제시된 배움 활동이 전체적으로 안내되어 있고, 총 다섯 개 이상의 문단으로 구성된 한 편의 글을 학생이 자유롭게 작성함.
교사 피드백	• 교사 피드백 후 수정

조용히 스며들고 소리없이 물드는 달팽이교실의 배움 <김민정 선생님> 웅상여자중학교 1학년 (4)반 (7)번 이름 김현아

[1-1국어] 1. (3) 감동과 즐거움을 주는 글쓰기　　**'고양이의 날'을 읽고, 성장 경험 글쓰기**

관련 성취기준	[9국03-05] 자신의 삶과 경험을 바탕으로 하여 독자에게 감동이나 즐거움을 주는 글을 쓴다.
배움 활동	잿빛 고양이에게 '고양이의 날'이 있다면, 나에겐 'OOO'의 날이 있어!
핵심 질문	'고양이의 날'의 잿빛 고양이처럼 도전과 용기로 성장한 경험을 어떻게 글로 표현해 볼까?

제목: 나의 성장을 도운 김현아의 날.　　　2023-06-1 ⓪　김민정쌤

[배움 활동 1]

이 소설의 제목은 '고양이의 날'입니다. '고양이의 날'은 잿빛 고양이에게 어떤 날일까요?
4장, 5장에 나오는 잿빛 고양이의 도전, 용기, 성장의 순간과 관련지어 구체적으로 적어봅시다.

1문단: 잿빛 고양이에게 자신이 고양이 날이란 성장의 순간을 이루는 날이다. 하지 못했던 일을 성공한 잿빛 고양이에게 이보다 멋진 날은 없을 것이다. 그렇다면 김현아의 날은 어떨까요?
— 2문단 두겨시에 우당까지 완성하 동시 낭송, 시판 스승의 날에 내려서 성장의 날이다.

[배움 활동 2]

잿빛 고양이에게 '고양이의 날'이 있듯이, 여러분을 한 단계 성장하고 자립하게 한 용기와 도전의 순간을 떠올려 봅시다.

언제, 어디서, 어떻게 일어난 일인가요?	**2문단**: 2년 전 5학년이 끝날 때 5학년 교실에서 마지막으로 겪은 일이다. 원래는 글을 잘 쓰지도, 좋아하지도 않았는데, 그 당시 선생님의 도움 덕분에 글을 꾸준히, 많이 썼더니 어느새 내가 쓴 일기와 시, 주장하는 글, 실용 일기 같은 여러 가지의 글들이 함께 모여 하나의 책이 되어 있었다. 글을 많이 쓰지 않았다고 생각 했었는데, 내가 1년동안 꾸준히, 조금씩 쓴 글들이 책들이 책으로 다시 나에게 온게 정말 신기 했고, 선생님께 감사한 마음이 들었다.

[배움 활동 3]

그 경험이 자신에게 성장(자립)의 순간이라고 생각하는 이유는 무엇인가요? *good!*

3문단: 그 당시에 선생님의 도움 덕에 성공한 건 맞지만, 원래 글을 잘 쓰지 못하는 나였지 그 책에 내가 쓴 시와 일기, 주장하는 글 같은 여러 가지의 글이 한 곳에 모여 하나의 책이 만들어진 걸 보니 '나도 이렇게 할 수 있는구나'를 느끼며 이것이 나의 성장의 순간이라고 생각한다.

조용히 스며들고 소리없이 물드는 달팽이교실의 배움 <김민정 선생님> 웅상여자중학교 1학년 (4)반 (7)번 이름 (김현아)

[배움 활동 4]
그 경험으로 여러분은 무엇을 깨닫고 느끼게 되었나요?

이 경험으로 내가 깨달은 점은

| 4문단 | 하지 못할 것 같은 일이지만 내가 노력하고 그 일에 대해 시간과 정성을 투자한다면, 세상에 못하는 일은 없을 것이다. 그 당시에 내가 성장할 수 있도록 최선을 다하여 도와주신 선생님께 정말 감사하고 고마우며 성장을 이룬 내 자신이 정말 대견하고 뿌듯다. *잿빛고양이와 나의 성장은 닮은 점이 있을까?* |

[배움 활동 5]
소설 '고양이의 날'의 잿빛 고양이와 여러분은 성장의 경험과 관련지어 어떤 점에서 닮았나요? 또는 어떤 점에서 다른가요?

| 5문단 | 잿빛 고양이는 자신이 하지 못하던 일을 스스로 해내며 성장했다. 이러한 점이 잿빛고양이와 나의 공통된 성장의 순간이 아닐까? 나는 온전히 나만의 힘으로 성장을 해본 건 아니지만 잿빛 고양이와 공통점이 있다고 생각한다. *그렇다면 내가 생각하는 성장은 어떠한 모습일까?* |

[배움 활동 6]
여러분이 생각하는 성장과 자립은 어떤 모습인가요? 그렇게 생각하는 이유는 무엇인가요?

| 6문단 | 내가 생각하는 성장이란 <u>통통 튀는 공</u>이다. *good!* 왜냐하면 바닥에 튕기면 튕길수록 높은 곳으로 올라가는 게 노력하면 할수록 더 높은 곳으로 올라가는 것과 비슷하다 생각하기 때문이다. 공도 튕기면 튕길수록 높은 곳으로 올라가고 노력도 하면 할수록 높은 곳으로 갈 수 있는게 서로를 닮은 것 같다. *그래서 내가* |

[배움 활동 7]
어제의 '나'보다 더욱 성장(자립)할 내일의 '나'를 위해 도전, 실천해야 할 세 가지가 있다면, 무엇일까요? 구체적으로 적어 볼까요?

| 7문단 | 오늘의 내가 어제의 나보다 더욱 더 성장하기 위해 난 세 가지의 노력을 할 것이다. 첫째, 적어도 하루에 영어 단어를 두 개 이상은 외우겠다. 둘째, 방 청소, 책상 청소 같이 직접 할 수 있는 것은 직접 하겠다. 셋째, 학원 숙제, 학교 숙제는 미루지 않고 늘 꾸준히 하겠다. 앞으로 이 세 가지의 실천 약속을 지키며 어제의 나보다 더욱 성장한 내가 되겠다. |

조용히 스며들고 소리없이 물드는 달팽이교실의 배움 <김민정 선생님> 웅상여자중학교 1학년 (4)반 (1)번 이름 강소정

[1-1국어] 1. (3) 감동과 즐거움을 주는 글쓰기
'고양이의 날'을 읽고, 성장 경험 글쓰기

관련 성취기준	[9국03-05] 자신의 삶과 경험을 바탕으로 하여 독자에게 감동이나 즐거움을 주는 글을 쓴다.
배움 활동	잿빛 고양이에게 '고양이의 날'이 있다면, 나에겐 'OOO'의 날이 있어!
핵심 질문	'고양이의 날'의 잿빛 고양이처럼 도전과 용기로 성장한 경험을 어떻게 글로 표현해 볼까?

2023-06-1 0
성장, 김민정 씀

※ 여러분은 한 학기 동안 단편소설 '고양이의 날'(이현)을 천천히 깊게 슬로리딩하면서 **성장, 자립, 도전, 용기**에 대해 여러 활동을 거쳐 생각해 보았습니다. 잿빛 고양이에게 '고양이의 날'이 있듯이 여러분에게도 **'OOO의 날'**이 있을 거에요. 아래의 항목이 포함되도록 자신의 생각과 경험을 '고양이의 날'과 관련지어 글로 표현해 봅시다.

- 자신을 한 단계 성장하고 자립하게 한 용기와 도전의 순간은? (언제, 어디서, 어떻게 일어난 일인지)
- 그 경험이 자신에게 왜 성장의 순간이라고 생각하는가?
- 그 경험으로 무엇을 깨닫고 느꼈는가?
- 자신이 생각하는 성장과 자립은 무엇인가? 그렇게 생각하는 이유는?
- 어제의 '나'보다 더욱 성장(자립)할 내일의 '나'를 위해 도전, 실천하고 싶은 세 가지가 있다면?

※ 각 문단의 처음은 한 칸 비우고 쓸 것 (총 5개 이상의 문단을 작성할 것)

제목 성장은 퍼즐이다!

① 잿빛 고양이에게 있었던 '고양이의 날'은 잿빛 고양이가 살면서 처음으로 나무를 타고 올라가 뿌듯함과 짜릿함을 느끼고 나무를 탈 수 있는 능력을 가지게 된 날이다. 잿빛 고양이에게 '고양이의 날'이 있었던 것처럼 나에게도 성장의 순간이 있었던 것 같다. 나는 중학교에 올라오고 나서 학교에서 열리는 대회에 참가를 많이 하고 있다. 원래는 용기를 내지 못하고 그런 대회에 잘 참가하지 못했는데, 중학교에 올라와서 갑자기 해보고 싶은 마음이 들어 학예대회에 참가하기 되었다. 그런데 그렇게 대회에 참가하고 나니 열심히 했다는 생각에 스스로 뿌듯함과 성취감이 느껴졌다. 그래서 그 뒤로 여러 대회에 적극적으로 참가해보고 있다.

② 내가 그 순간이 성장의 순간이라고 생각되는 이유는, 내가 그렇게 대회에 참가하고 난 뒤로 어떤 일에 도전할 수 있는 용기가 생겨나게 되었기 때문이다. 잿빛 고양이가

조용히 스며들고 소리없이 물드는 달팽이교실의 배움 <김민정 선생님> 웅상여자중학교 1학년 (4)반 (1)번 이름 강소정

용기를 내어 처음으로 나무 타기에 도전해서 성취감과 뿌듯함을 느낀 게 잿빛 고양이의 '고양이의 날' 이였던 것 처럼, 나도 용기를 내어 대회에 도전하고 성취감, 뿌듯함을 느끼게 되었으므로 그 일이 나에게 있었던 성장의 순간 중 하나라고 생각한다.

③ 내가 그 경험으로 인해 깨닫게 된 점은, 도전이라는 것이 아주 중요한 것이라는 깨달음을 얻게 되었다. 원래는 대회라던지 다른 것들에 도전한다는 것에 관심이 없고 용기도 없었는데 그렇게 한 번 대회에 참여하고 나니까 도전해서 얻게 되는 성취감과 뿌듯함을 느끼게 되었고, 도전을 하면 내가 예전보다 한 단계 더 성장하게 된다는 깨달음을 얻게 되었다.

④ 잿빛고양이의 성장의 날과 나의 성장의 날은 조금 비슷한 면이 있는 것 같다. 나와 잿빛 고양이 둘 다 무언가를 도전했다는 점이 비슷하다. 보통 무언가를 도전했을 때 성장을 많이 하는 것 같다. 성장을 무언가에 비유해서 표현해보자면, 내가 생각하는 성장은 퍼즐이다. 퍼즐을 완성하기 위해서는 한 조각 한 조각을 준비해서 칸에다가 맞추어야한다. 한 조각씩 맞춰나가야 완성이 되는 퍼즐처럼, 성장도 조금씩 경험을 쌓으면서 마지막에는 '완성된 퍼즐' 처럼 '완성된 나' 가 되는 것이 성장이라는 생각이 든다.

⑤ 아까 내가 '보통 도전을 했을때 성장을 한다' 고 적었었다. 그래서 성장하기 위해 도전할 일들 3가지를 적어보겠다. 첫 번째는 일주일에 두 번 1시간씩 일본어 공부를 하는 것이다. 두 번째는 일주일에 한 번씩 내가 관심있는 직업 한 가지에 대해 꼼꼼히 조사해보는 것이다. 마지막 세 번째는 일주일에 한 번이상은 꼭 1시간 이상 운동을 하려는 것이다. 3가지 모두 사소한 도전들이지만, 모두 내가 성장할 수 있고 미래에 도움이 되는 일들이다. 그래서 앞으로 이 일들을 꼭 실천하기 위해 노력해야 겠다. 그리고 앞으로 내가 성장하는 '강소정의 날'을 많이 만들어야 겠다.

넷.
등장인물 분석하고 시 처방전 선물하기

등장인물 집중 탐구 '○○ 고양이가 알고 싶다!'

'고양이의 날'을 책 메모 슬로리딩을 한 후, 작품을 더 깊게 이해할 수 있는 후속 활동으로 등장인물에게 시 처방전 선물하기 활동을 했다.

학생들은 '고양이의 날'에 등장하는 인물 중 한 명을 선택해서 특징, 성격과 그렇게 생각하는 근거, 그 인물과 관련된 의미 있는 장면과 이유, 그 인물과 자신이 닮았다고 생각하거나 닮고 싶은 점을 작품의 내용과 관련지어 파악하는 '등장인물 집중 탐구(부제: ○○ 고양이가 알고 싶다!)'를 먼저 했다.

이 활동은 학생들에게 별도의 활동지를 제공하지 않고, 스크랩북에 페이지별로 세부 내용을 구분하여 작성하도록 했다. 학생들은 자신이 선택한 등장인물의 성격과 특징, 의미 있는 장면을 찾기 위해 다시 한번 작품을 천천히 읽었다.

등장인물의 특징은 성별이나 다른 등장인물과의 관계 등 작품에 나타난 객관적인 정보를 적도록 했다. 예를 들면, 잿빛 줄무늬 고양이는 암컷이며, 태어난 지 오 개월 접어든 독립을 앞둔 고양이라는 점, 어미가 검은 고양이라는 점 등을 적을 수 있다.

학생들이 등장인물 집중 탐구 활동에서 가장 어려워했던 점은 성격과 그렇게 생각하는 근거를 제시하는 부분이었다. 성격을 제시하더라도 추측이나 짐작으로 대략 설명하지 않고, 반드시 '○쪽의 ~한 행동이나 말을 보면, ☆한 성격임을 알 수 있다.'와 같이 제시해야 한다. 예를 들면, '검은 고양이는 125쪽에서 잿빛 고양이가 반갑게 코를 비볐지만, 뒤도 돌아보지 않고 가 버린 행동으로 보아 매정한 성격이다.' 등으로 적을 수 있다.

등장인물과 관련된 의미 있는 장면이나 대사를 찾고 그 이유를 밝히는 활동은 '인상적인 장면 책 메모' 활동을 참고하도록 했다. 학생들이 인상적인 장면을 골라 표시할 때, 그날 읽었던 부분에서 가장 기억에 남는 등장인물을 고르고, 그 인물이 했던 여러 행동과 말 중에서 한 군데 골라 밑줄을 그은 후, 그 이유를 적었으므로 아무래도 '등장인물 집중 탐구'를 위해 선택한 등장인물과 겹칠 가능성이 높았다. 그러나 책 메모해 둔 인물과 집중 탐구 인물이 동일하지 않을 경우, 그 등장인물이 주로 나오는 부분을 다시 읽고 작성하도록 했다.

학생들이 작성한 내용을 살펴보면, '결말에 검은 고양이가 잿빛 고양이와 헤어질 때, 새끼의 뺨에 얼굴을 비볐던 장면이 가장 인상적이었는데,[50] 그 이유는 검은 고양이는 잿빛 고양이를 잘 키워 내기 위해 냉정하게 굴었지만, 사실은 잿빛 고양이를 누구보다 아끼는 따뜻한 사랑이 잘 느껴지기 때문이다.'라고 말한 학생이 있었다.

또 '검은 고양이의 잿빛 고양이를 사랑하는 마음을 닮고 싶다. 어미 고양이는 잿빛 고양이를 사랑하지만 그 마음을 잘 드러내지 않아 잿빛 고양이가 서운해하기도 했다. 잿빛 고양이에 대한 사랑을 적극적으로 표현했던 하얀 고양이와 대조되는 면이다. 그러나 검은 고양이의 사랑은 잿

---

[50] '고양이의 날'(이현, 2021, 창비청소년문학 50, 『파란 아이』 박숙경 엮음, 창비)의 145쪽 중 일부를 활용하여 인상적인 장면을 학생이 설명한 사례이다.

빛 고양이를 한층 더 성장시켰고 결국 자립하도록 했다. 나는 이와 같이 사랑하는 사람에게 도움을 주고, 성장하게 한 검은 고양이의 깊은 사랑을 닮고 싶다.'라고 밝힌 학생도 있었다.

등장인물과 자신이 닮은 점 또는 닮고 싶은 점을 생각하는 과정에서 학생들은 작품에 깊이 몰입하게 되고, 자신의 삶을 돌아볼 수 있었다. 이는 '작품은 작품이고, 나는 나'라는 별개의 인식이 아닌, 작품에 나타난 등장인물의 삶과 상황을 자신과 연결하도록 돕는다. 이를 통해 작품을 깊이 있게 감상하는 한편, 삶의 문제로 연결하여 내면화하는 계기가 되었으면 했다.

학생들은 잿빛 고양이의 도전을 보며 자신도 어려운 과제를 회피하지 않고 일단 도전하고 실천하는 삶을 닮고 싶다고 했고, 하얀 고양이의 자식에 대한 사랑을 보면서 자신도 주변 사람들에게 다정하고 친절해야겠다고 다짐하기도 했다. 왕초 고양이의 영역 침범에 대한 민감성을 보면서 자신의 방에 가족들이 들어오는 것이 불편하고 침범당한다는 생각이 들어 공감한다는 학생도 있었다.

[학생 작성 사례]

등장인물 집중탐구   "검은 고양이가 알고싶다"

1) 특징
01. 갯빛 고양이의 엄마이자 하얀고양이의 아내이다.
02. 새끼들을 잃고 갯빛고양이 한 마리만 살아남았다.

검은고양이

3) 의미 있는 장면 아대사
'나는 이제 떠나야지' 어미는 몸을 아래로 숙여서 다섯 허오 갯빛고양이 이마를 핥아 주었다.
→ 갯빛고양이에게
4 '고양이의 눈'을 알려주고 심지어는 자신의 영역까지 내준 검은 고양이의 희생정신이 대단함을 알려주고 갯빛고양이를 정말 사랑하고 아낀다는 것을 표현하는 내용이라 매우 의미 있는 것 같다.

2) 성격
01. P5) 냉철하고 차가운 것 같다.
02. P10) 도전적이고 치밀한 성격인 것 같다.
01. 하얀고양이와 갯빛고양이를 다정하게 챙기지 않고 하얀고양이에 가차 없이 떠나버리는 검은 고양이의 모습을 보니 냉철하고 차가운 것 같다.
02. 하나 남은 새끼에게 '고양이의 눈'을 주기 위해 광소고양이의 영역에 침입하고 치밀하고 현명하게 계획하는 검은 고양이를 보니 도전적이고 치밀한 것 같다.

4) 닮은 점아 닮고 싶은 점
하나뿐인 새끼를 위해 노력해서 멋진 성장을 선물한 검은고양이 처럼 나도 누군가에게 '고양이의 눈'과 같은 멋진 성장을 선물하는 사람이 되고 싶다.
갯빛고양이에게 검은고양이가 '고양이의 눈'을 선물하는 장면

[수업 흐름도 10]

활동명	등장인물 집중 탐구 '○○ 고양이가 알고 싶다'
활동 목표	자신이 선택한 '고양이의 날'의 등장인물을 분석할 수 있다.
성취기준	[9국05-10] 인간의 성장을 다룬 작품을 읽으며 삶을 성찰하는 태도를 지닌다.
수업 의도	• '고양이의 날'에 등장하는 인물 중에서 '성장'과 관련하여 깊이 탐구할 등장인물을 골라 작품에 나타난 정보를 중심으로 특징을 정리하고 다양한 사건에 대해 등장인물이 보여준 말과 행동을 근거로 성격을 분석하면서 등장인물을 깊이 들여다보는 기회를 주고자 한다. • 학생들이 각자 선택한 등장인물과 관련된 다양한 장면과 사건, 다른 인물들과의 관계를 살펴보면서 의미가 있고, 인상적인 부분을 중심으로 등장인물을 탐구하는 과정을 제시한다. • 소설을 읽는다는 것은 단순히 사건 전개의 흥미로움에 감상이 그쳐서는 안 된다. 작품 속 등장인물의 의미 있는 대사와 행동, 다양한 갈등 상황에서의 선택과 사건을 대하는 태도 등을 면밀히 살피면서 자신의 삶과 연계하는 과정이 있어야 한다. 등장인물과 자신을 비교하면서 닮은 점이나 닮고 싶은 점을 고민하면서 작품을 새로운 측면에서 바라볼 수 있는 배움도 필요하다.

[심화] 심화 활동으로 배움이 깊어지다

수업의 흐름	
인물 분석하기	• 자신이 선택한 등장인물에 대한 객관적인 정보를 중심으로 특징 찾기 • 등장인물의 성격을 작품에 나타난 말과 행동을 근거로 하여 타당한지 판단하며 정리하기
등장인물과 관련된 의미 있는 부분 찾기	• 자신이 선택한 등장인물과 관련된 의미 있는 장면이나 대사 찾기 • 그 부분을 선택한 이유를 구체적으로 밝히기
등장인물과 자신을 연결하기	• 등장인물과 자신을 다양한 측면에서 비교하여 닮은 점이나 닮고 싶은 점 나열하기 • 닮은 점이나 닮고 싶은 점을 작품 내용과 연관지어 설명하기
배움 공유	• 모둠 내 공유 및 발표(희망 학생) • 교사 개별 피드백

등장인물에게 시 처방전 선물하기

 '등장인물 집중 탐구'를 통해 자신이 선택한 ○○ 고양이에 대한 분석이 끝난 후에는 '등장인물에게 시 처방전 선물하기' 활동을 했다. 자신이 선택한 등장인물을 분석한 자료를 토대로 ○○ 고양이에게 하고 싶은 말을 편지 형식으로 작성하되, 작품 내용과 관련지어 조언, 격려, 위로 등을 자유롭게 쓰도록 했다.

 작품 내용이 언급되지 않으면 누구에게나 적용되는 평범한 편지가 될 수 있으므로 반드시 그 등장인물과 관련된 내용을 언급하도록 안내했다. 편지를 쓰면서 그 인물의 상황과 행동 등을 다시 언급하면서 자신의 생각을 전달하는 방식이다.

 편지 쓰기가 끝나면, ○○ 고양이에게 선물하고 싶은 시를 골라 필사하고, 그 시를 고른 이유를 등장인물의 상황과 관련지어 적도록 했다. 이 활동을 위해 도서실과 국어 교과에서 사용 중인 시집을 50여 권 제공하고 자유롭게 감상하는 시간을 가졌다.

　시집 중에는 나태주 시집이 다수 있었는데, 여학생들의 감성을 깨우는 데 한몫했다. 중학교 국어시간에 시집을 편안하게 읽을 시간은 생각보다 적다. 한 학기 동안 학생들이 익혀야 할 배움이 촘촘히 설계되어 있고, 지필평가와 수행평가까지 하려면 빠듯하다. 더구나 주1회 진행하는 수업은 수행평가만 진행해도 벅차다. 그러나 수행평가 과정 자체에 시집 읽기를 넣어 두니 시를 좋아하는 학생들은 행복해했고, 평소 시집을 접하지 못했던 학생들의 반응도 괜찮았다. 특히 나태주 시집은 여중생들의 마음을 흔들고 스며들기에 충분했고, 어느 페이지를 펼쳐도 자신을 응원, 격려, 위로하는 것 같아 마음이 따뜻해진다는 반응도 있었다.

　이렇게 시집을 펼치는 동안 편안한 음악도 곁들이며 실로 평화로운 국어 수행평가가 진행되었다. 학생들은 자신의 ○○ 고양이에게 쓴 편지와 어울리고, 그 인물이 읽는다면 힘이 될 시를 찾느라 교실은 시집 책장 넘어가는 소리로 가득했다.

　검은 고양이에게 선물하고 싶은 시로 나태주의 '필연'을 필사한 학생은 이 시를 선택한 이유로 검은 고양이와 하얀 고양이의 만남도 우연이 아닌 필연일 수 있으며, 검은 고양이가 하얀 고양이를 조금 더 다정하고 소중하게 대해 주길 바라는 마음에서 조언하고 싶다고 했다.

　잿빛 고양이에게 선물하고 싶은 시로 나태주의 '응원'을 필사한 학생은 이 시를 선택한 이유로 잿빛 고양이가 독립하는 상황에서 새로운 시작을 맞이하면서 힘을 내고 지치지 않길 바라는 마음을 전하고 싶다고 했다.

　하얀 고양이에게 나태주의 '혼자서'를 필사한 학생은 하얀 고양이가 영역 밖으로 쫓겨난 후, 혼자서 자신의 영역을 다시 찾아가는 과정이 힘들 것 같아 응원하는 마음으로 선택한다고 했다.

[학생 작성 사례]

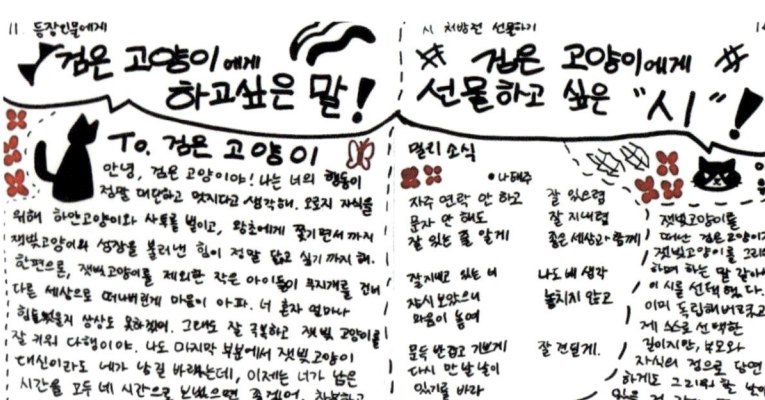

[수업 흐름도 11]

활동명	등장인물에게 시 처방전 선물하기
활동 목표	1. 자신이 선택한 '고양이의 날'의 등장인물에게 필요한 위로, 조언, 격려의 글을 쓸 수 있다. 2. 등장인물의 상황에 적합한 시 처방전을 선물할 수 있다.
성취기준	[9국05-10] 인간의 성장을 다룬 작품을 읽으며 삶을 성찰하는 태도를 지닌다.
수업 의도	소설을 읽으면서 등장인물의 상황, 입장, 심정을 이해하며 읽는다는 것은 학생들에게 흥미로운 작품이 아니라면 어려울 수 있다. 특히 빠르고 편리한 세대를 살고 있는 우리 청소년들에게 읽는 것만으로 깊이 있게 공감하고 비판하길 바라는 것은 무리인 시대가 왔다. 그러나 등장인물과 관련된 다양한 독후활동을 연계성 있게 제공하면 어떨까? 작품 속 여러 등장인물 중에서 마음에 드는 한 명을 골라, 그 인물과 관련된 사건과 상황, 장면을 다시 찾는 것은 크게 부담되지는 않는다. 그러나 소설 속 등장인물들은 다각도로 관계망을 형성하기에 한 명의 인물만 집중 탐구한다고 해도 다양한 상황을 살펴볼 기회는 생긴다. 자신이 고른 등장인물의 상황을 다시 천천히 살펴보며, 친구가 되어 편지를 쓰고, 힘겨운 상황에 놓인 인물에게 힘이 되는 시를 처방전으로 선물하면 어떨까? 단순히 공감하고 이해하는 차원을 넘어 잠시나마 '내가 만약 이 인물이라면 어떤 시가 힘이 될까?'를 생각하게 하고 싶었다. 그런 의미에서 등장인물에게 시 처방전 선물하기 활동은 등장인물의 입장이 되어 깊이 공감하는 기회가 될 것이다.

수업의 흐름

등장인물에게 편지쓰기	• 자신이 선택한 등장인물에게 하고 싶은 말 편지 쓰기 • 등장인물에게 조언, 용기, 격려를 주는 내용을 작성하기 • 편지 내용에 등장인물의 상황이 반영되도록 피드백하기 ※ 등장인물의 상황이 반영되지 않은 채, 조언, 용기, 격려를 쓸 경우, 누구에게나 해당하는 내용으로 작성될 우려가 있으므로 주의하도록 안내하기
시집 읽기	• 마음에 드는 시집 골라, 시 훑어보기 • 작품 속 등장인물에게 어울리는 시 선택하기 ※ 등장인물에게 쓴 편지 내용과 어울리는지 자기점검하기
시 처방전 필사하기	• 시집 훑어보기 • 시 처방전에 적합한 시 필사하기 • 개별 피드백
공유 및 피드백	• 모둠 내 공유 및 칭찬스티커 부착

[심화] 심화 활동으로 배움이 깊어지다

다섯.
생성형 AI를 활용하여 창의적으로 표현하기

나만의 시 처방전 스토리보드 작성하기

앞선 두 활동과 연계하여 다양한 매체를 활용하여 표현하기를 진행했다. '나만의 시 처방전 스토리보드 작성하기'와 생성형 AI를 활용하여 등장인물에게 선물하는 음원 영상을 제작하는 것이다.

등장인물 집중 탐구를 토대로 자신이 선택한 ○○ 고양이에게 하고 싶은 말을 편지로 쓴 후, 그 등장인물에게 시집에서 고른 시로 선물했다면, 이제는 자신이 창작한 시를 처방전으로 선물하고 이를 스토리보드로 구상한 후, 음원 영상으로 제작하도록 했다.

먼저 스크랩북 왼쪽에 '○○ 고양이에게 선물하는 창작시'를 작성하되, 작품 속 등장인물의 상황을 반영하여 창작하도록 안내했다. 이를 위해서는 작품에 나타난 등장인물의 상황을 한 가지 이상 선택하고 다시 꼼꼼히 읽어야 한다. 그리고 그 상황이 반영된 시로 표현하되, 비슷한 문장이나 단어 등을 반복하며 운율을 살리고 가급적이면 비유나 상징도 활용해 보도록 했다.

시집의 시를 일부 참고하여 모방시 형식을 취해도 되고 자신이 자유롭게 창작해도 된다고 했다. 특히 소설의 특정 장면을 표현한 부분을 일부 활용하는 것도 좋다고 했다.

예를 들면, 잿빛 고양이가 높은 나무 위를 올라가는 장면을 시에 나타내기 위해 잿빛 고양이가 높은 나무 위를 오르면서 아찔한 공포를 느끼는 동시에 짜릿한 희열을 경험하는 장면과 강렬한 어떤 기운에 의해 수염 끝이 바르르 떨리는 장면[51]을 활용하여 '한 발 한 발 올라가는 나의 두 발/ 아찔한 공포를 던져버리고/ 짜릿한 희열로 다가오네./ 수염 끝은 바르르 떨리지만/ 내 가슴 깊이 강렬한 기운이 올라오네./' 등으로 표현할 수 있다.

시의 분량은 최소 2연 이상으로, 총 6행 이상 작성하도록 했고 교사가 창작한 시를 예시로 안내했다.

---

51) '고양이의 날'(이현, 2021, 창비청소년문학 50, 『파란 아이』, 박숙경 엮음, 창비)의 138쪽 중 일부를 활용하였다.

[심화] 심화 활동으로 배움이 깊어지다

[잿빛 고양이에게 선물하는 시 처방전 창작시 예시]	[잿빛 고양이에게 선물하는 시 처방전 창작시 학생 작품]
잿빛 고양이의 '고양이의 날' 김민정 수석선생님 높은 나무 위로 한 발 한 발 올라가던 너의 용기 이전과 다른 너로 성장하기 위해 가지가 흔들리고 나뭇잎이 떨어져도 앞만 보며 너를 믿고 전진해 봐 흔들림 없는 강렬한 걸음 뒤에 또 다른 세상이 펼쳐질 거야 드디어 '고양이의 눈'을 깨달은 오늘이 바로 잿빛 고양이의 '고양이의 날'	**불안, 그리고 흥분** 송은송 나무 위로 한 발 내디딜 때마다 출렁거리던 가지 수염이 파르르 떨리고 강렬한 기운이 느껴질 때 심장이 빠르게 뛰던 그날 그건 불안이 아닌 흥분이었지 공포를 참으며 나무 위로 올라간 네가 좋다 어미를 뒤로 하고 곧이어 너의 행복한 세상이 펼쳐질 거야 너는 너를 믿어 봐

[노란 고양이에게 선물하는
시 처방전 창작시 학생 작품]

나의 성장

김효미

몇 번이나 쿵하고 떨어져도
심장이 쿵하고 떨어져도
난 날 찾고 싶었어

어렸을 적엔
약한 내가 미웠어
어렸을 적엔
다 포기할까
생각하기도 했어

이제야 알았어

내가 떨어지는 것은
날고 있는 거란 걸

이제야 알았어
나의 모습을 드러내는 법을

이제야 알았어
나도 무언가를 지킬 수 있단 걸

[하얀 고양이에게 선물하는
시 처방전 창작시 학생 작품]

오늘의 너, 내일의 너

주소연

안녕 오늘의 너

평소처럼 다정한 너
유독 누군가에게 다정한 너

너는 왜 다정하려나
다정하면 사랑을 받으려나

잘 가 오늘의 너

언제나 다정한 너

검은 고양이에게 압박당할 때도
잿빛 고양이가 걱정될 때도
늘 변함없던 너

힘내 오늘의 너

아무리 조바심이 들어도
침착하게 가 보자

이제는 엄마가 나를 밀었던 컨테이너 위가 더 이상 두렵지 않아	오늘도 내일도 웃으며 힘내자
이제는 나의 영역이 생겼어	반가워 내일의 너
이제는 나 스스로 나아갈 수 있어	
예전처럼 두렵지 않아	
나의 놀이터에서 노는 아이들처럼 활짝 웃어 보이겠어	

[검은 고양이에게 선물하는
시 처방전 창작시 학생 작품]

성장한 너의 모습은
김도영

멀리서 보면 때로 세상은
조그맣고 사랑스럽다

하지만 너가 없는 세상은
매우 허무하다

떠나가는 나를 보는
너의 뒷모습
그 누구보다 초라하다

시나브로 눈송이에
내 발자국이
하나하나 찍힐 때마다

내 마음은
한없이 무너져 버린다

이전과 달리
성장한 너의 모습을 보면

[왕초 고양이에게 선물하는
시 처방전 창작시 학생 작품]

영역
이경은

자신의 영역을 지키는 자
자신의 영역을 이끄는 자
흥분하며 침입자를 쫓아가는 자

터벅터벅
모래밭에 깊은 발자국을 내며
침입자를 향해 다가가는 자

그 '자'만의 영역이고
그 '자'가 아니면
감당하기 어려운 영역

세 마리 고양이를 쫓아
그 영역을 지켜 내는 자

그자의 이름은
왕초라네

난 네가 고양이의 눈을 알게 될 것을 믿었다 고양이의 눈을 알게 된 너 이제 그 누구보다 특별하다	

다음으로 스크랩북 오른쪽에는 학생들이 각자 창작한 시를 음원 영상으로 만들 때, 어떤 장면이 대표적으로 표현될 수 있을지 생각하여 두 개의 장면 그림을 나타내도록 했다. 그 후 자신의 창작시와 두 개의 장면 그림을 음원 영상으로 제작할 때 적절한 배경음악을 설정하도록 했다.

구체적인 음악을 정하지 않아도 되며, 자신이 창작한 시와 어울리는 음악의 종류나 분위기 정도만 작성해도 좋다고 안내했다. 예를 들어, '경쾌한 리듬감과 박자가 빠르고 흥겨운 음악', '전체적으로 평화롭지만, 이별의 아픔이 아련하게 느껴지는 슬픈 리듬의 음악' 등으로 작성할 수 있다.

[학생 작성 사례]

[수업 흐름도 12]

활동명	시 처방전 스토리보드 제작하기
활동 목표	1. 등장인물의 상황을 반영한 시 처방전을 창작할 수 있다. 2. 창작한 시 처방전에 어울리는 장면과 배경음악을 표현할 수 있다.
성취기준	[9국05-10] 인간의 성장을 다룬 작품을 읽으며 삶을 성찰하는 태도를 지닌다. [9국03-08] 영상이나 인터넷 등의 매체 특성을 고려하여 생각이나 느낌, 경험을 표현한다.
수업 의도	이 단원은 영상과 인터넷 등의 다양한 매체의 특성을 활용하여 표현하는 능력을 기르는 것이 주된 핵심이다. 학생들은 1학기 동안 소설 '고양이의 날'을 천천히 깊게 슬로리딩했다. 2학기에 함께 익힐 매체 활용 단원과 연계하여 작품 속 등장인물에게 조언, 격려, 응원하는 편지를 쓰고 이에 맞는 시 처방전을 창작한 후, 자신만의 음원 영상을 제작하여 작품 감상의 깊이를 더하고자 재구성했다. 이를 통해 한 학기 한 권 읽기 활동이 작품 감상과 이해에 그치지 않고, 창작활동을 통해 내면화하는 경험을 제공했다. 이에 덧붙여 등장인물을 통해 자신의 성장 경험을 다양한 매체를 통해 표현하는 기회를 마련하고자 했다.
수업의 흐름	
등장인물에게 선물하는 시 처방전 창작하기	• 자신이 선택한 등장인물의 작품 속 상황 살펴보기 • 2연 이상, 총 6행 이상, 운율, 비유, 상징을 고려한 처방시 창작하기 • 등장인물의 구체적인 상황이 드러나도록 처방시 표현하기 • 교사 개별 피드백
장면 표현하기	• 창작한 처방시의 내용이 반영된 장면 그림을 2개 표현하기
배경음악 표현하기	• 창작한 처방시에 적합한 배경음악이나 효과음 제시하기
[공유 및 피드백]	• 모둠 내 공유 및 피드백, 칭찬스티커 부착

지금까지 살펴본 【등장인물 집중 탐구 '○○ 고양이가 알고 싶다'】, 【등장인물에게 시 처방전 선물하기】, 【나만의 시 처방전 스토리보드 작성하기】는 2024년 1학년 2학기 수행평가에 반영했다. 이와 관련된 수행평가 채점기준표와 보조부 양식은 다음과 같다.

[수행평가 채점기준표][52]

평가 단원	4. (2) 매체로 표현하기	평가 시기	2024년 9월 ~ 10월
평가 방법	프로젝트		
평가 영역	쓰기		
교과 핵심 역량	비판적 창의적 사고 역량, 문화 향유 역량	만점(반영비율)	100점(30%)
교육과정 성취기준	평가 의도		
[9국03-08]영상이나 인터넷 등의 매체 특성을 고려하여 생각이나 느낌, 경험을 표현한다.	매체의 특성을 고려하여 소설 속 등장인물에게 선물하는 시 처방전 스토리보드를 제작하면서 학생들은 작품을 효과적으로 감상하고 표현할 수 있다. 소설 속 다양한 등장인물의 상황과 관련된 행동을 곱씹어 보며 자신의 생각을 정리하는 감상 과정은 작품을 이해하는 데 매우 중요하다. 등장인물에게 필요한 조언과 위로의 처방을 시 필사와 시 창작, 창작시를 바탕으로 음원 영상을 제작하면서 소설을 읽고 매체로 표현하는 유의미한 감상 경험을 제공하고 그 과정을 평가한다. 이와 같은 평가의 과정을 통해 비판적 창의적 사고 역량, 문화 향유 역량, 자료 정보 활용 역량을 기를 수 있다.		

---

52) 채점 기준의 내용마다 □에 ∨표시를 하면서 수행평가 채점기준표 자체가 학생들의 자기점검표로 활용되도록 했다. 짝과 상호 점검하면서 자신의 활동 과정을 객관적으로 파악하고 더 노력하고 보완할 점은 없는지 확인하도록 했다. 수행평가 채점기준표는 교사에게는 수업과 평가의 기준 및 방향을, 학생들에게는 자신의 배움 과정을 미리 예측하고, 과정을 점검하는 자료로 활용되어야 하기 때문이다.

평가명	평가 요소		채점 기준			배점
			우수한	발전 가능성이 있는	아직 노력이 필요한	
시 처방전 스토리보드 제작	등장인물 집중 탐구	인물 분석	□ 등장인물의 특징과 성격을 타당한 근거와 함께 모두 제시함.(10)	□ 등장인물의 특징과 성격을 모두 제시했으나 근거가 부족하거나 타당하지 않음. □ 등장인물의 성격만 타당한 근거와 함께 제시함.(8)	□ 등장인물의 특징과 성격을 제시했으나 근거가 없음. □ 등장인물의 성격만 제시했고 근거가 타당하지 않음. □ 등장인물의 특징만 제시함.(6)	40
		작품 분석	□ 등장인물과 관련된 의미 있는 장면이나 대사를 구체적인 이유와 함께 제시함.(15)	□ 등장인물과 관련된 의미 있는 장면이나 대사를 제시했으나 이유가 부족함.(12)	□ 등장인물과 관련된 장면이나 대사를 제시했으나 이유가 없음.(9)	
		비교 분석	□ 등장인물과 자신을 비교하여 닮은 점이나 닮고 싶은 점을 작품 내용과 연관지어 분석함.(15)	□ 등장인물과 자신을 비교하여 닮은 점이나 닮고 싶은 점을 설명했으나 작품 내용과의 연관성이 적음.(12)	□ 등장인물과 자신을 비교하여 닮은 점이나 닮고 싶은 점을 설명했으나 작품 내용과의 연관성을 제시하지 않음.(9)	
	※ 수업 시간에 출석했으나, 평가와 관련된 활동에 참여하지 않은 경우, 기본점수 5점 부여					
	시 처방전 작성	글 작성	□ 등장인물에게 하고 싶은 말(조언, 격려 등)을 작품 내용과 관련지어 구체적으로 작성함.(15)	□ 등장인물에게 하고 싶은 말(조언, 격려 등)을 작성했으나, 작품 내용과 관련성이 적음.(12)	□ 작품 내용과 관련짓지 않고, 등장인물에게 하고 싶은 말(조언, 격려 등)만 작성함.(9)	30
		시 선택	□ 등장인물에게 전하는 내용에 적합한 시를 선택하여 필사하고, 선택한 이유를 등장인물의 상황과 관련지어 설명함.(15)	□ 등장인물에게 전하는 내용에 적합한 시를 필사했으나 선택한 이유가 등장인물의 상황과 관련성이 적음.(12)	□ 등장인물에게 전하는 내용과 관련된 시를 필사했으나 선택한 이유가 없음.(9)	

	※ 수업 시간에 출석했으나, 평가와 관련된 활동에 참여하지 않은 경우, 기본점수 5점 부여				
스토리 보드 제작	시 창작	□ 작품 속 등장인물의 상황이 반영된 시 처방전을 창작(모방시 가능)함.(10)	□ 시 처방전을 창작(모방시 가능)했으나, 작품 속 등장인물의 상황 표현이 부족함.(8)	□ 시 처방전을 창작(모방시 가능)했으나, 작품 속 등장인물의 상황 표현이 없음.(6)	30
	장면 표현	□ 시 처방전에 어울리는 장면 그림을 2개 표현함.(10)	□ 시 처방전에 어울리는 장면 그림을 1개 표현함.(8)	□ 시 처방전 장면 그림 표현이 내용과 어울리지 않거나 매우 미흡함.(6)	
	음악 표현		□ 시 처방전에 적합한 배경음악이나 효과음을 적절하게 제시함.(10)	□ 시 처방전에 적합한 배경음악이나 효과음 제시가 매우 부족함.(6)	
	※ 수업 시간에 출석했으나, 평가와 관련된 활동에 참여하지 않은 경우, 기본점수 5점 부여				

〈수행평가 보조부 양식〉

학생 정보			등장인물 집중 탐구			시 처방전 작성		스토리보드 제작			합계
			인물 분석	작품 분석	비교 분석	글 작성	시 선택	시 창작	장면 표현	음악 표현	
반	번호	이름	10/8/6	15/12/9	15/12/9	15/12/9	15/12/9	10/8/6	10/8/6	10/6	
1	1		10	15	15	15	15	10	10	10	100
1	2										
1	3										

○○ 고양이에게 선물하는 시 처방전 음원 영상 제작하기

다음으로 학생들이 집중적으로 탐구했던 각자의 ○○ 고양이에게 선물하는 시, 자신이 창작한 시 처방전을 노래의 가사로 삼아 음원 영상을 제작했다. 학급당 주1회 수업이라는 물리적 제약으로 영상 제작으로 연결하기는 무리라는 판단에 아쉽지만 매체를 활용한 표현활동은 생성형 AI를 활용한 음원 영상 제작으로 대체했다.

음원 영상 제작은 Suno AI 음원 생성 사이트를 활용했다. 음원 제작 과정이나 방법은 비교적 쉬웠고, 영어 버전은 한국어 버전으로 교체하거나 영어 버전 상태에서 한글로 입력해도 학생들이 원하는 음원 제작이 가능했다.

먼저 개인별 구글 계정으로 해당 사이트에 무료 가입을 한 후, 차례대로 세 가지 내용을 입력한다. 첫 번째 칸에는 학생들이 등장인물에게 선물하는 창작시를 가사로 입력한다. 두 번째 칸에는 스토리보드에서 이미 구상해 두었던 자신이 창작한 시 처방전에 어울리는 음악을 한글로 입력한다. 예를 들어, 조용하고 평화로운 느낌의 발라드 음악 등을 입력할 수 있다. 결과물로 생성된 음원은 음원 영상으로 다운받거나 링크로 공유할 수 있다.

학생들은 단편 소설 '고양이의 날'을 읽으면서 기억에 남거나 중요하게 생각하는 등장인물을 선택하여 집중 분석한 후, 그 인물에게 위로와 조언의 편지를 쓰고, 시집을 읽으며 인물에게 적합한 시 처방전을 필사했다. 그리고 등장인물의 상황이 담긴 창작시를 통해 시 처방전을 직접 만들고, 이를 노래 가사 삼아 음원으로 제작하는 배움의 과정을 통해 다각도로 작품 감상을 할 수 있었다.

[수업 흐름도 13]

활동명	○○ 고양이에게 선물하는 시 처방전 음원 영상 제작하기
활동 목표	창작한 시 처방전에 어울리는 장면과 배경음악을 담은 음원 영상을 제작할 수 있다.
성취기준	[9국05-10] 인간의 성장을 다룬 작품을 읽으며 삶을 성찰하는 태도를 지닌다. [9국03-08] 영상이나 인터넷 등의 매체 특성을 고려하여 생각이나 느낌, 경험을 표현한다.
수업 의도	이 단원은 영상과 인터넷 등의 다양한 매체의 특성을 활용하여 표현하는 능력을 기르는 것이 주된 핵심이다. 학생들은 1학기 동안 '고양이의 날'을 천천히 깊게 슬로리딩했다. 2학기에 함께 익힐 매체 활용 단원과 연계하여 작품 속 등장인물에게 조언, 격려, 응원하는 편지를 쓰고 이에 맞는 시 처방전을 창작한 후, 생성형 AI를 활용하여 자신만의 음원 영상을 제작하면서 작품 감상의 깊이를 더하고자 재구성했다. 이를 통해 한 학기 한 권 읽기 활동이 작품 감상과 이해에 그치지 않고, 창작활동을 통해 내면화되도록 했다. 덧붙여 등장인물을 통해 자신의 성장 경험을 다양한 매체로 표현하는 기회를 마련하고자 했다.

수업의 흐름	
Suno AI를 활용한 음원 영상 제작하기	• 자신이 창작한 등장인물에게 선물하는 시 처방전을 가사로 입력하기 • 스토리보드에서 구상한 배경음악의 내용 입력하기 • 음원 영상 결과 확인 및 점검
패들렛으로 공유	• 음원 영상 결과물 패들렛으로 공유
공유 및 피드백	• 모둠 내 공유 및 칭찬과 격려 나누기 • 발표와 피드백

[학생 음원 창작 사례 QR코드]

여섯.
청소년을 위한 성장캠프 프로그램 제안서 토의하기

 2024년 2학기에는 '토의를 통해 합리적으로 문제 해결하기'라는 성취기준이 있어서 '고양이의 날'과 학생들의 성장 경험을 토의 활동으로 연결할 수 있었다. 처음에는 등장인물의 상황에 따른 행동과 선택에 대해 '내가 등장인물이라면, 이 상황을 어떻게 지혜롭게 해결할 것인가?'로 구상했다. 그러나 1년 동안 '고양이의 날'을 읽으면서 친구들과 다양한 의견을 나누었다는 점을 감안하여 '청소년의 자립심과 도전 의식'이라는 주제와 연계했다.

 '내 삶의 주인'으로 살아간다는 것은 무엇을 의미하는지 함께 생각하면서 '내가 지금보다 더 성장하고 도전하는 삶을 살기 위해 어떤 경험이 필요할까?'를 핵심 질문으로 제시했다. 그리고 이에 대한 구체적인 토의 활동으로 '청소년의 자립심과 도전 의식을 키우는 성장캠프에 적합한 프로그램 토의하기'를 설계했다.

 어른의 시각과 입장에서 제공한 성장캠프 프로그램이 아니라, 학생들이 직접 자립심과 도전 의식을 함양하기 위해 스스로 어떤 인식과 경험이 필요할지 토의하는 과정 자체가 성장이다.

 우선 평소 자신의 성장에 대한 의식을 체크리스트로 점검했다. 실수하고 실패하더라도, 힘들고 서툴더라도, 용기 내기 힘든 두려운 상황일지라도 누가 시켜서 하는 것이 아니라, 스스로 필요하다고 생각하고 실천하는 것이 중요하다. 힘들 때마다 타인에게 도움을 구하고 의지하는 것보다 우선 스스로 해결해 보려는 자세가 필요하다. 부모님의 의견을 무조건 수용하기보다 자신의 생각을 말씀드려 보는 경험도 성장의 과정이다. 이런 생각들이 모여 자신의 삶을 헤쳐 나갈 용기가 생긴다. 그래서 학생들에게 자신의 성장 의식을 다음과 같은 체크리스트로 확인해 보도록 했다.

[나의 성장 의식 체크리스트 예시]

순	내용	점수 (O표시)				
1	나는 누가 '시켜서'가 아니라, 나 '스스로' 판단해서 행동하고 실천한 적이 있다.	5	4	3	2	1
2	나와 부모님의 의견 차이로 갈등이 생겼을 때, 부모님의 의견을 무조건 수용하기보다 부모님을 설득하기 위해 근거를 찾는 등 노력한 적이 있다.	5	4	3	2	1
3	나는 어려운 일이 생겼을 때, 누군가에게 도움을 구하거나 의지하기보다는 실수하고 실패하더라도 스스로 해결하려고 노력하는 것이 중요하다고 생각한다.	5	4	3	2	1
4	나는 실패하더라도 포기하지 않고 끝까지 도전하며 노력한 적이 있다.	5	4	3	2	1
5	나는 소소하지만 꾸준히 노력하며 끝까지 해낸 일들이 있다.	5	4	3	2	1
6	나는 서툴더라도 남에게 의존하기보다 내가 헤쳐 나가는 삶을 살고 싶다.	5	4	3	2	1

토의 방식은 모둠원 3~4명이 토의 주제에 대해 자유롭게 의견을 주고받는 원탁토의로 정했다. 토의를 위한 모둠은 27~28명의 학급 인원수에 맞게 일곱 개의 모둠으로 구성했다. 모둠 대표는 학생들의 희망이나 친구들의 추천에 따라 책임감 있게 수행할 수 있는 학생, 또는 이번 기회에 모둠을 이끌어 가는 도전을 해 보고 싶은 학생으로 7명 선정했다. 그리고 모둠

대표가 자신을 도와줄 사람을 조력자로 선택한다. 이렇게 모둠 대표와 조력자로 이루어진 7개의 모둠을 공개하면, 나머지 학생들이 모둠을 선택하여 학생들 간의 관계와 소통이 조금 더 편안하고 원활하도록 했다.

그러나 학생들에게 모둠 구성의 선택권을 주더라도 가급적 친한 친구들과 구성하기보다 토의가 효율적으로 운영되려면 어떤 모둠원과 함께하면 좋을지, 어떤 친구와 협력하는 배움을 경험할지를 고려하여 선택하도록 당부해야 한다.

토의를 위한 모둠 내 역할 배정은 사회자, 서기, 토의 참가자 1~4인데, 3~4인 모둠이므로 사회자가 토의 참가자 1을, 서기가 토의 참가자 2를 겸했다.

성장캠프에서 개설되기를 희망하는 프로그램을 제안하기 위해서는 그 프로그램이 왜 필요한지 근거가 필요하다. 중학생의 자립심, 도전 의식과 관련된 인식을 친구들에게 설문 조사하거나 중학생들에게 건강한 도전 과제를 수행하는 경험이 필요한 이유, 요즘 청소년들의 특징과 그런 특징이 생긴 원인 분석, 청소년들의 의존성 정도를 알 수 있는 실태 조사와 그 원인을 조사하여 제시할 수도 있다. 또는 다양한 캠프 프로그램의 예시를 알아보는 것도 도움이 된다. 이와 같이 토의 주제와 관련된 설문 조사, 관련 기사문 수집, 인터넷 검색 등을 통해 현황, 문제점, 원인 등의 자료 조사를 실시한 후, 해결 방안으로 프로그램 제안과 제안 이유를 정리하도록 했다.

학생들이 토의 주제와 관련하여 조사한 자료에는 청소년의 정신적 독립을 위해 중요한 것, 학생들이 희망하는 직업군 조사, 캥거루족이 된 30대 어른들 이야기, 독립하지 않는 청년들과 그 이유, 청소년들의 고민과

스트레스, 자립심이 부족한 청소년들과 부모의 과잉보호와의 관련성, 다양한 진로 체험이 사춘기 직업선택에 미치는 영향, 청소년에게 도전할 과제가 필요한 이유, 꿈이 없는 청소년들에 대한 실태 분석, 부모님과 자식의 관계를 객관적으로 살펴보는 방법, 우울증과 자존감 바닥을 겪는 요즘 청소년들, 부모와의 애착 관계가 자녀의 자립심에 미치는 영향, 우리나라 청소년들의 자아 정체감과 회복을 위한 노력, 부모님의 잔소리가 자녀의 주체성에 미치는 영향, 아이에게 자립심과 독립심이 중요한 이유, 부모 의존도가 높은 한국의 청소년들, 부모님으로부터 정서적으로 독립하는 과정과 방법 등이 있었다.

눈여겨볼 내용은 우리나라 중고등학생들은 교우 관계, 성적과 입시에 대한 고민으로 우울증과 자기 효능감이 떨어진 경우가 많다는 것이었다. 도전하고 성장하려는 의지를 가지려면 우선 청소년들에게 가장 필요한 정서적 지원부터 있어야 한다면서 그 문제를 해결하기 위한 프로그램도 결국은 성장에 대한 희망을 품게 하고 도전할 의지를 갖게 한다는 학생들의 의견이 인상적이었다.

그래서 청소년의 자존감 향상에 도움이 되는 체험이나 다양한 프로그램을 통한 경험이 필요하다는 의견과 청소년들의 현 상태를 분석하여 제안한 내용도 주제와 관련하여 살펴볼 만한 내용이었다.

학생들이 제안한 청소년의 성장과 도전 의식을 기르는 데 도움이 되는 프로그램은 다음과 같다.[53]

---

[53] 모둠별로 토의한 성장캠프 프로그램 제안서에는 프로그램 이름, 세부 운영 방식, 제안하는 이유를 포함하도록 했다.

[학생 작성 사례]

프로그램 이름	세부 운영 방식	제안하는 이유
넌 할 수 있어! 포춘쿠키 만들기	• 응원과 위로, 격려의 말을 종이에 적는다. • 포춘쿠키를 만들어 그 속에 응원 종이를 넣는다. • 쿠키들을 섞고 무작위로 쿠키를 고른다. • 쿠키를 먹으면서 자신에게 주는 위로, 응원의 말을 읽으며 '할 수 있다'는 생각을 다져 본다.	공부나, 학업 스트레스로 인해 지친 청소년들에게 응원의 포춘쿠키를 만들며 응원과 위로, 격려의 말을 읽고, 스스로 할 수 있다는 생각을 다지며 성장을 위한 바탕을 만들어 주기 위해서 제안한다.
나를 찾는 밸런스 게임	• 성장캠프 참여자들을 대상으로 밸런스 게임 1을 진행한다. (예) 외출할 때? 바다 vs 산 • 밸런스 게임 1에서 각자 선택한 장소로 직접 가도록 안내하고, 1시간 동안 할 미션을 제공한다. • 참가자들이 미션을 완성하면 다시 돌아오도록 한 후, 밸런스 게임 2를 진행한다. (예) 밥을 먹을 때? 짜장면 vs 짬뽕 • 밸런스 게임 2에서 선택한 메뉴를 참가자들과 함께 먹는다.	요즘 청소년들은 친구에게 자신의 의견을 표현하는 것이 서툴다. 그저 남의 의견을 따르면서 자신의 목소리를 드러내지 않는 것 같다. 이대로 간다면 미래에는 자신의 생각 따위는 없이 누군가의 지시에 끌려다니기만 할 수도 있다. 그래서 청소년 시기부터 사소한 의견이라도 자신의 목소리를 내며 의견을 제시하는 연습이 필요하다고 생각하여 이 프로그램을 제안한다.
자존감 향상 명언 책갈피 만들기	• 자존감을 향상시키는 데 도움이 되는 명언들을 찾는다. • 그 명언들을 책갈피에 캘리그라피 형식으로 적는다. • 자신이 자주 사용하는 곳 옆에 붙여 두고 자주 볼 수 있게 한다. • 모둠 친구들에게 하나씩 선물할 수도 있다.	요즘 청소년들은 자존감이 대체로 낮은 것 같다. 특히 중고등학생은 학업 스트레스, 교우관계로 더욱 심하다. 도전 의식을 갖게 하려면 자존감부터 회복하는 과정이 필요해서 이 프로그램을 제안한다.

[심화] 심화 활동으로 배움이 깊어지다

관심분야 직업 찾기	• 자신의 관심 분야를 찾는다. • 관심 분야가 비슷한 친구들끼리 모둠을 만든다. • 관심 분야와 관련된 직업을 조사한다. • 그 직업군의 사람들을 조사하고, 면담 질문을 만든다. • 성장캠프에서 학생들의 직업인 면담 질문을 모아 멘토와의 만남을 진행하거나 답변을 받아 제공한다. • 멘토와의 만남 이후 자신의 꿈을 에코백에 꾸미고 발표한다.	요즘은 학생들이 자신이 무엇을 잘하는지, 좋아하는지도 모르고 끌려다니는 것 같다. 자신의 장래희망으로 무엇을 해야 할지 모르겠다는 청소년들이 20~30%나 되는 것을 보면 알 수 있다. 그래서 이런 프로그램을 통해 자신의 꿈과 직업에 대한 관심을 갖게 하고, 도전하려는 의지를 자극시킬 수 있다.
미니어처 내 집 마련	• 성장캠프 참여자들에게 미니어처로 집을 만들 가상의 화폐와 예산을 배부한다. • 예산을 계획하고, 캠프에서 제공하는 재료들을 가상의 화폐로 구입한다. • 참가자의 희망에 따라 개인별, 짝, 모둠별로 미니어처 내 집을 실제로 만들고, 경제적이고 합리적으로 예산을 사용한 내용을 발표한다. • 가장 합리적인 예산사용 참여자와 최고의 미니어처를 투표하여 시상한다.	일정한 예산을 경제적이고 합리적으로 사용할 수 있는 경험을 주고, 자신의 집을 실제로 만드는 과정에서 청소년들의 자립심을 길러 줄 수 있다.
3만원의 행복	• 모둠별로 3만 원의 예산을 받고, 식사 메뉴를 의논한다. • 장보기에 필요한 예산을 효율적으로 계획한다. • 캠프 장소 근처에서 장을 보고 직접 요리한다. • 모둠별로 예산 사용과 요리 방법, 참여 소감을 발표한다. • 캠프 참여자 모두가 시식회를 열고 함께 식사한다.	학교와 학원 등을 다니다 보면 집에서 청소년 스스로 요리할 수 있는 시간과 기회가 적다. 부모님께 의지하지 않고 친구들과 협력해서 3만 원이라는 예산을 효율적으로 사용하고, 요리하면서 자립심을 키울 수 있어서 이 프로그램을 제안한다.

[성찰]

슬로리딩 수업을
성찰하다

한 학기 동안 단편 소설 슬로리딩을 정규 국어 수업 시간에 진행하면서 수업자로서 느낀 가장 큰 보람은 학생들은 읽고 쓰기를 마냥 싫어하는 게 아니라는 점이었다. 물론 모든 학생이 읽고 쓰는 과정을 흥미롭게 생각하고 즐겁게 참여한 것은 아니다.

그러나 단편 소설은 분량도 부담스럽지 않은 데다 친숙한 등장인물이나 소재를 다룬 작품이라면 학생들의 독서 동기를 일으키는 데 마중물이 될 수 있다. 특히 '성장'은 청소년이라면 누구나 고민하는 주제이므로 '고양이의 날' 책 메모 슬로리딩을 즐기며 몰입하는 학생들이 꽤 많았다.

누구나 성장하고 싶은 욕구가 있기에 깊이 있는 배움으로 이끌 엄선된 작품이라면 단편 소설 슬로리딩은 문해력 향상에 기여할 수 있다는 확신이 들었다. 그리고 읽기, 쓰기와 더불어 친구들과 자신의 생각을 나누는 공유의 시간과 발표를 꼭 병행해야 슬로리딩 배움이 효과적이고 탄탄해진다는 생각을 했다. 시간이 부족해서 짝이나 모둠 공유로 마무리할 때면 '그럼, 다음 시간에 발표해요?'라고 묻는 학생들이 있었다. 친구들과 함께 책을 읽으며 다양한 생각을 알아 가는 과정이야말로 가치 있는 배움이다. 열 마디 선생님의 말씀보다 한 마디 친구의 생각이 때로는 더 귀하고 값질 수 있다.

반면 이번 단편 소설 슬로리딩 수업에서 아쉬웠던 점은 한 학급당 주 2

회 또는 1회로 진행하다 보니, 단편 소설임에도 시간에 대한 물리적 제약이 컸다는 것이다. 특히 한 학기 배움의 핵심 가치가 '성장, 자립, 도전, 용기'였기에 중학교 1학년 학생들에게는 다소 추상적으로 받아들여졌을 가능성도 있었다. 그래서 수시로 작품 속 등장인물과 성장의 지점을 연결하고, 이를 학생 개인의 경험으로 내면화하도록 했는데, 그 과정이 쉽지만은 않았다.

이를 위해서는 충분히 슬로리딩할 시간과 학생들과 의견을 주고받을 수 있는 여유가 교사에게도 필요했다. 제한적인 시간이었으나 단단한 슬로리딩 수업을 만들기 위해서는 욕심을 내려놓고 필수적인 주요 활동 몇 가지를 선별하여 학생들이 깊이 있게 빠져들도록 수업 디자인하는 것이 중요하다는 것도 깨달았다.

그럼에도 불구하고 한 작품을 오롯이 깊이 있게 파고들며 감상하고 '성장과 자립'을 바탕으로 '성장 경험 글쓰기'를 진행한 것은 학생들에게도, 교사에게도 매우 가치 있는 배움이었다. 특히 등장인물에게 선물하는 시 처방전 활동과 함께 작품내용을 담은 창작시로 생성형 AI를 활용하여 음원 영상을 제작한 것은 작품을 색다르게 감상할 수 있는 좋은 경험이었다.

지난 슬로리딩 수업을 돌이켜 보며 다시 '고양이의 날'을 대상으로 슬로리딩 수업을 설계한다면 선택과 집중을 생각하며 각 장별로 활동 한두 가지에 초점을 둘 것이다.

예를 들면 제1장은 길고양이와 관련된 학생들의 경험을 간단히 나누고, 등장인물들의 관계와 앞으로 벌어질 사건을 예측해 보면서 모르는 단어 서너 개 정도로 맛보기를 한다. 인상적인 장면 책 메모나 궁금 궁금 질문을 잡아라 활동은 제2장부터 천천히 연습하면서 학생들이 책 읽는 즐거움을 느끼도록 한다. 제3장과 제4장은 소설의 위기와 절정이므로 갈등 상황과 해결의 과정을 참고하며 책 메모 슬로리딩 활동을 집중적으로 한다. 그리고 제4장은 '고양이의 날'의 핵심이 담긴 부분이므로 다양한 주제의 샛길 토론을 겸해 깊이 있게 슬로리딩하도록 재설계 하고 싶다.

이와 같은 보완 지점을 안은 한 학기 단편 소설 책 메모 슬로리딩이지만, 학생들 중에서 '선생님, 이제 다른 책을 읽으면서 모르는 단어가 있을 때, 앞뒤 문장부터 다시 읽게 되네요.', '이제 저는 모르는 단어가 있으면 무슨 뜻일까 생각하면서 다시 문장을 읽고, 그 다음에 뜻과 유의어도 찾아보게 됐어요. 예전에는 그냥 빨리 읽는 데 급급했거든요.', '저는 그날 읽은 부분의 소제목을 머릿속으로 만들어 보는 작가다운 습관이 생겼어요.', '등장인물의 행동과 말을 보면서 왜 그렇게 말했을까? 왜 그렇게 행동했을까?라는 질문을 많이 하게 되었어요.' 등을 말하는 학생들이 꽤 있다.

전체 학생들에게 유의미한 경험이면 더할 나위 없이 좋았겠지만, 학생 한 명에게 강한 배움의 파장이 일어나는 것 역시 중요하기에 수업자 입장에서는 반가운 담소였다.

학생들이 슬로리딩 수업을 하면서 어려워했던 지점은 친구들과의 속도에 맞추느라 자신의 부족한 점을 채울 시간이 모자랐다는 점과 읽기, 쓰기가 집중적으로 진행되다 보니 기초 학력이 많이 부족한 학생은 따라오기가 역부족이었다는 점, 교사가 제시하는 슬로리딩 기본 활동의 양이 많아 생각을 미처 정리하기도 전에 급히 마무리할 때가 있었다는 점이었다.

이와 같은 학생들의 피드백과 교사의 수업 성찰을 통해 책 메모 슬로리딩이 매년 한층 성장할 수 있도록 더욱 애쓰고 싶다. 그 어느 때보다 학생들의 문해력에 관심이 쏠리는 시대에 '고양이의 날' 책 메모 슬로리딩이 문해력 향상의 해답 중 하나가 되었으면 좋겠다. 앞으로도 학생들의 배움이 깊어질 수 있도록 슬로리딩을 적용한 교육과정 재구성 및 수업과 평가의 일체화에 대해 꾸준히 연구하고자 한다.

[부록 1]

'고양이의 날' 슬로리딩 스크랩북 구성 자료

[2024년 활동자료]

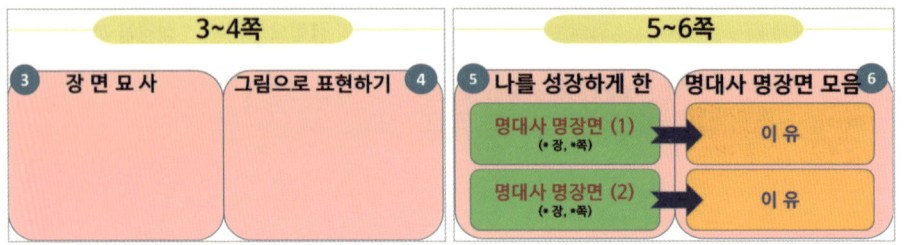

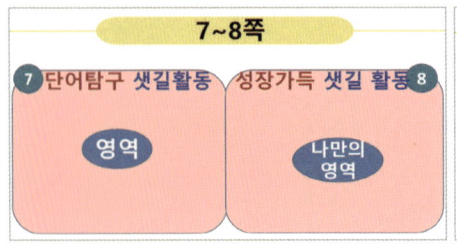

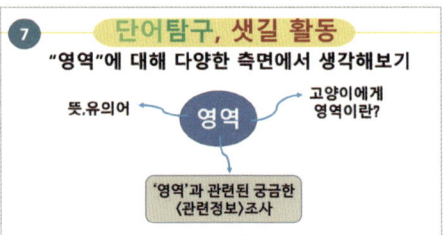

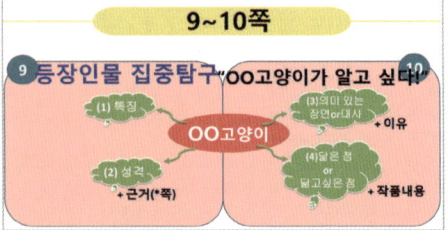

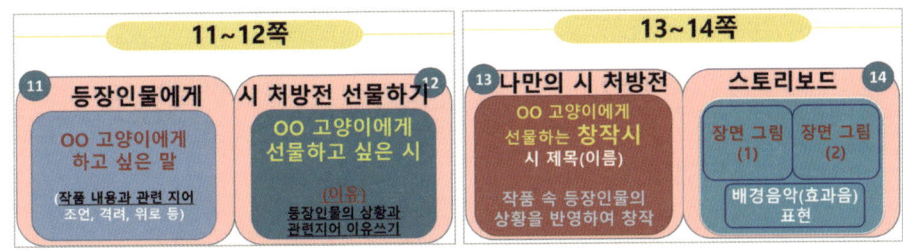

[2024년과 다른 2023년 활동자료]

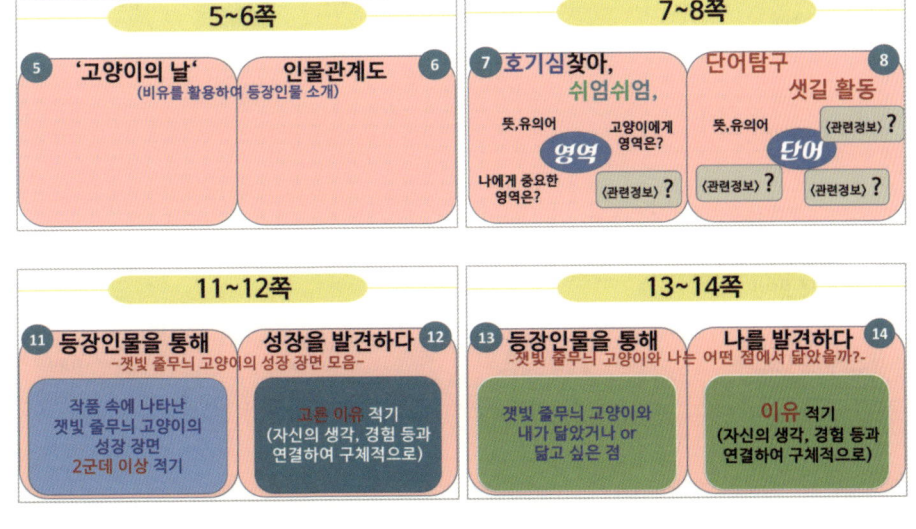

[부록 1] '고양이의 날' 슬로리딩 스크랩북 구성 자료

[부록 2]

책 메모 슬로리딩 기본 활동별 학생 안내 자료

54) 미리 캔버스에서 무료로 제공한 양식을 활용하여 학생 안내 자료를 제작하였다.

참고 문헌

경기도교육청(2017), 교육과정 문해력 이해자료(교육정책과 2017-15)
경상남도교육청(2019), 한 학기 한 권 읽기, 열두 발자국(경남교육 2019-178)
경상남도교육청(2019), 함께 길러요 교육과정 문해력 중학교편(경남교육 2019-239)
교육부(2015), 국어과 교육과정(교육부 고시 제2015-74호, 별책 5)
교육부(2022), 국어과 교육과정(교육부 고시 제2022-33호, 별책 5)
교육부(2015), 2015 개정 교과 교육과정에 따른 평가기준(중학교 국어)
교육부(2018), 2015 개정 교육과정 총론 해설(중학교, 교육부 고시 제2018-162호)
김동현(2018), 슬로리딩을 적용한 수업사례 연구, 청주교대 교육대학원 석사학위논문
김민정(2020), 국어시간에 슬로리딩을 만나다, 구름학교
김주환, 구본희 외(2018), 한 학기 한 권 읽기 어떻게 할까?, 북멘토
김원겸, 이형석(2019), 슬로리딩, 교육과정을 품다, 에듀니티
나오미 배런(2023), 다시, 어떻게 읽을 것인가, 어크로스
노미숙 외(2018), 천재 국어 1-2 교과서, 천재출판사
신유식 외(2018), 미래엔 국어 1-1 교과서, 미래엔출판사
박경숙 외(2017), 수업, 슬로리딩과 함께, 살림터
박지희, 차성욱(2019), 온작품을 만났다, 낭독극이 피었다, 휴먼에듀
박천선(2024), 느린 학습자를 위한 문해력, 학교도서관저널
송승훈(2019), 나의 책 읽기 수업, 나무연필
송승훈 외(2014), 함께 읽기는 힘이 세다, 서해문집
송승훈 외(2018), 한 학기 한 권 읽기, 서해문집
엄훈 외(2022), 초기 문해력 교육, 사회평론아카데미

온정덕 외(2018), 교실 속으로 간 이해중심 교육과정, 살림터

유영식(2019), 교육과정 문해력, 즐거운 학교

이선희, 유기홍 외(2017), 슬로리딩, 글누림

이창선(2011), 그래픽 조직자 활용이 국어학습부진아의 어휘력과 독해력에 미치는 영향, 서울교대 교육대학원 석사학위 논문

이토 우지다카(2012), 천천히 깊게 읽는 즐거움, 21세기북스

박숙경 엮음(2021), 『파란 아이』 창비청소년문학 50, 창비

전국국어교사모임(2022), 함께 여는 국어교육, 2022 가을, 문해력편

전병규(2022), 문해력 수업, 알에이치코리아

제이 맥타이, 그랜트 위긴스(2016), 핵심 질문, 사회평론아카데미

최영민 외(2017), 교사를 위한 슬로리딩 수업 사용설명서, 고래북스

하시모토 다케시(2012), 슬로리딩(생각을 키우는 힘), 조선북스

EBS미디어, 정영미(2015), EBS 다큐프라임 슬로리딩, 생각을 키우는 힘, 경향미디어